PUHUA BOOKS

我
们
一
起
解
决
问
题

日本流イノベーション

日本企業の特性を活かす成功方程式

日本的创新

日本企业如何迎接第四次工业革命

[日] 吉村慎吾◎著

张培鑫◎译

人民邮电出版社

北　京

图书在版编目（CIP）数据

日本的创新：日本企业如何迎接第四次工业革命 /（日）吉村慎吾著；张培鑫 译. -- 北京：人民邮电出版社，2018.9（2020.12 重印）
ISBN 978-7-115-49230-2

Ⅰ. ①日… Ⅱ. ①吉… ②张… Ⅲ. ①工业发展—研究—日本 Ⅳ. ①F431.34

中国版本图书馆CIP数据核字(2018)第195513号

内 容 提 要

人工智能、物联网、大数据、机器人、无人机、3D 打印机……第四次工业革命的序幕已经拉开，未来的产业和就业将会出现怎样的变化？在第四次工业革命的尖端技术不断深入社会每个角落的当下，企业如何才能降低成本、提高效率、实现可持续发展？

本书作者首先基于大量鲜活的案例介绍了在第四次工业革命浪潮下已经形成或正在形成的若干趋势，如破坏式创新和新型商业模式纷纷涌现、制造业向服务业转型、生产无人化与人类的超人化，等等。然后，作者针对"日本应该如何看待和利用第四次工业革命"这个问题提出了自己的观点和解决方案。最后，作者基于自己多年的亲身实践，提出了日本大企业如何成功创新的方法论，并给出了运用这一方法论最终获得成功的若干真实案例。此外，本书还收录了作者与日本经济产业省官员等人的对话。

本书适合所有对创新、创业话题感兴趣的读者，尤其是希望引领变革的企业管理者、富有创新精神的企业员工和心怀创业理想的年轻人阅读。

◆　　著　　[日]吉村慎吾
　　　　译　　张培鑫
　　责任编辑　陈　宏
　　责任印制　焦志炜

◆人民邮电出版社出版发行　　北京市丰台区成寿寺路 11 号
　邮编 100164　电子邮件 315@ptpress.com.cn
　网址 http://www.ptpress.com.cn
　北京七彩京通数码快印有限公司印刷

◆开本：700×1000　1/16
　印张：14　　　　　　　　　　2018 年 9 月第 1 版
　字数：180 千字　　　　　　　2020 年 12 月北京第 5 次印刷
　著作权合同登记号　图字：01-2018-0942 号

定　价：59.00 元
读者服务热线：（010）81055656　印装质量热线：（010）81055316
反盗版热线：（010）81055315
广告经营许可证：京东市监广登字20170147 号

2016年1月，旧金山最大的出租车公司Yellow Cab宣告破产。这是因为，随着优步（Uber）等网约车软件的使用范围不断扩大，大量乘客从价格高、服务差的出租车转向了价格低廉、干净整洁且服务更好的优步等网约车。但是，迟早有一天，这些优步的司机也会被无人驾驶技术所取代，沦为失业人员。

德国空气压缩机制造商凯撒公司决定停止销售空气压缩机，改为按空气压缩量向客户进行阶梯式收费。通过在客户端进行操作，凯撒公司可以使200台空气压缩机在IoT（物联网）上实现联动，并利用AI（人工智能）使它们达到最佳工作状态，这样就能节省60%的电费。通过实施这个战略，凯撒公司的市场份额迅速扩大。

顾客真正想要的是解决问题的方案。例如，当顾客想在墙上开一个洞时，他们只在乎最终能否开洞这个结果，而不在乎是不是用了钻孔机等硬件设备。今后，在IoT技术的支持下，人们对各种服务型硬件的态度都会朝着"从持有到享用"这一方向转变。

Rethink Robotics 公司 ① 研发出一款名为 Baxter 的创新型机器人。它采用 AI 和力反馈（Force Feedback）等新兴技术，只需熟练工人手把手地教授其生产顺序，它就可以不断学习并掌握新的技术。

这款机器人可以完成各种各样的工作，如零部件摆放、产品组装、产品包装，而且不需要专业人员编写专门的程序。更令人惊叹的是，它的价格仅为 25 000 美元 ②。假设这个机器人能够全年无休地工作，那么算下来 1 小时只需花费 300 日元 ③。甚至有人预测，到了 2040 年，世界上的大部分工厂都将实现无人化。

美国摩托车制造商哈雷公司为了满足顾客多样化、个性化的需求，在工厂里配备了 3D 打印机，使其能够随时随地制造出形状各异的零部件。在阿迪达斯的鞋类卖场，为了当场满足每一位顾客的定制需求，3D 打印机也在大显身手。

互联网的普及使人们了解到很多不同的价值观。在人们的价值观趋于多元化的同时，需求也呈现出多样化的趋势。今后，个性化的产品和服务将成为主流，大批量生产过时服装的服装公司恐怕不久之后就会破产。

GE 航空集团（GE Aviation）④ 的喷气发动机的燃料喷嘴已经可以用 3D 打印机进行生产。制造一个传统的燃料喷嘴要用到 20 种零部件。而现在只要用一台 3D 打印机就可以将燃料喷嘴制作成形，不仅轻巧耐用，还可以彻底省去因打磨零件而产生的原材料损耗。但是，3D 打印机技术或许会导致大

---

① 麻省理工学院计算机科学和人工智能研究所前所长、iRobot 公司创始人之一罗迪·布鲁克斯博士于 2008 年创立的公司。该公司为了实现"使机器人更亲民、更好用、更实用"的使命，使用最先进的 AI 和机器人驱动器（Robot Actuator）技术研发和制造机器人。

② 2018 年 8 月 29 日美元对人民币汇率为 1 美元 =6.8125 元人民币。——编者注

③ 2018 年 8 月 29 日日元对人民币汇率为 100 日元 =6.1249 元人民币。——编者注

④ 美国的飞机发动机制造商，是美国通用电气公司下属的企业，总部位于俄亥俄州的埃文代尔。

批金属加工工人失业，并使许多零部件承包商破产。科技进步必将造成技术工人失业和技术型企业破产。

随着蒸汽机这一通用技术^①的问世，第一次工业革命拉开了序幕。此前，纺织机一直是靠人力来驱动的。改由蒸汽机提供动力后，纺织机的生产效率提高到了原先的 200 倍，纺织行业大量技术工人失业，由此引发了"卢德运动"^②，许多生产机器被毁坏。

但是，蒸汽机这一通用技术也催生了像铁路业这样的新兴产业，它们吸收了这些失业者。

第一次工业革命的主导国是英国。当时，英国生产了全世界 50% 的工业产品，一度被称为"世界工厂"。

引发了第二次工业革命的是另外一种通用技术，即以电力、发动机和化石燃料为动力的内燃机技术。与蒸汽机相比，内燃机能够进行精细化控制，因此催生了许多新兴产业，将世界带入了"大量生产、大量消费"的时代。

由于农业生产效率的提高，许多农民在失业后转行成为工厂工人。起初，第二次工业革命的主导国是美国。在第二次世界大战结束后，主导权又转移到了德国和日本手上。

第三次工业革命是由计算机和互联网等通用技术带来的信息革命。工厂实现了自动化，人员不断精简。因数字技术的不断发展，许多印刷厂相继倒闭。电子商务的普及导致以书店为代表的实体店接连破产。直配直调导致批

---

① 指第一次工业革命（18 世纪下半叶 ~19 世纪中叶）的蒸汽机、第二次工业革命（19 世纪下半叶 ~20 世纪初叶）的内燃机和电力等能够实现各种用途的骨干技术。正是由于通用技术在各个领域不断得到应用，世界经济总体上的持续性增长才得以实现。

② 是指 1811 年至 1817 年在英国的纺织工厂集中区发生的毁坏工厂机器的运动。卢德运动是工厂工人为抵制随着工业革命而普及的机器而爆发的运动，该运动的名称据说来自于其领导者尼德·卢德。

发商和代理店走向消亡。

第三次工业革命的主导国是美国。我们工作时使用微软的 Windows 操作系统，随身携带的是苹果智能手机，去商场时使用谷歌提供的导航服务，与人们交流时使用 Facebook，在购物时登录亚马逊网站，这些都是来自美国的产品和服务。在 IT 和互联网行业中，有一个不争的事实：在美国企业提供的平台上，日本企业只是"佃户"，所有的利润都被美国企业收入囊中。在全球市值最高的 10 家企业中，有 7 家企业来自美国，日本企业相形见绌。现在，随着 AI、IoT、机器人、3D 打印机等技术逐渐发展为通用技术，第四次工业革命已经拉开了序幕。今后，这些通用技术将会渗透到各行各业，导致更多的工人失业、更多的企业破产。

同时，我们从未见过的新兴产业也将崭露头角。

第四次工业革命的主导国之争方兴未艾。日本在 IT 和互联网世界的竞争中输给了美国。今后，在 IoT 技术的支持下，在保健、医疗、看护、生产车间、施工现场、自动驾驶等日本占优势的领域中，数据之战一触即发。日本必须尽快取得这些数据，并充分利用 AI 和机器人，才能促使生产效率获得大幅提升，那时劳动力不足的问题也将迎刃而解。

1995 年，日本的 GDP（国内生产总值）为 500 万亿日元，当时美国的 GDP 约为 700 万亿日元，只有日本的 1.4 倍。20 年后，到了 2015 年，日本的 GDP 仍为 500 万亿日元，而美国的 GDP 已达 1700 万亿日元，变成了日本的 3 倍。1995 年，日本家庭收入的中位数为 550 万日元，到了 2015 年，这一数字降至 420 万日元。一直被称为"一亿总中流"①的日本即将成为贫富

---

① 20 世纪 60 年代在日本出现的一种国民意识，在七八十年代尤为显著。在终身雇佣制下，九成左右的日本人都自认为是中产阶级。"消费是美德""金满日本"成为当时的社会风气。1991 年泡沫经济崩溃后，"一亿总中流"也随之崩溃。——译者注

两极分化的社会。

含义 GDP

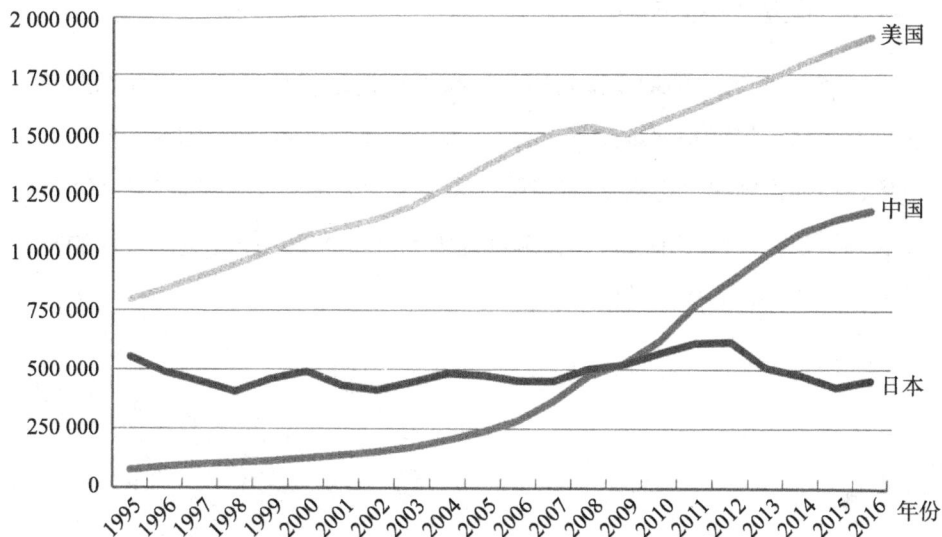

日本、美国和中国的名义 GDP^① 的变化（单位：十亿日元）

数据来源：国际货币基金组织 World Economic Outlook Database（2016）

　　日本的 GDP 曾在世界排第二位，但在 2010 年被中国超越，排名降至第三位。根据多名经济学家的预测，2050 年日本的 GDP 将会被印度尼西亚超越，排名将跌至世界第八位。日本 GDP 占全球 GDP 的份额也将从现在的 8% 降至 3%。虽然现在日本仍在美国的保护伞下，但是一旦经济地位降至世界第八位，日本对美国的重要性就会降低，很可能会失去美国的保护。

　　背负着日本未来的年轻人也发生了显著的变化。他们从出生起便享受着富足优裕的生活，大人们经常批评他们缺乏不断探索的精神。当今时代，智能手机和 LINE 等社交软件不断普及，日本新一代年轻人却极力使自己不惹

---

① 名义 GDP 是用生产物品和劳务的当年价格计算的全部最终产品的市场价值，而实际 GDP 是将之前某一年作为基期计算出来的当年全部最终产品的市场价值。——编者注

人注目。他们过度在意别人的看法，对什么事都没有太高的要求。只要在周末时能和自己的小团体在河滩上吃吃烧烤，他们就很满足了。新一代年轻人正在逐渐沦为"无欲无求的一代"。

2015 年年末的那期《新闻周刊》毫不留情地将标题定为"世界上最没有创业者精神的就是日本的年轻人"。该杂志以全世界 59 个国家的年轻人为对象，让他们回答"你喜欢探险吗""你是一个具有创造性的人吗"等问题，并收集反馈。调查结果显示，比起其他国家，日本 20~29 岁的年轻人的冒险精神与创造性之低令人瞠目结舌。

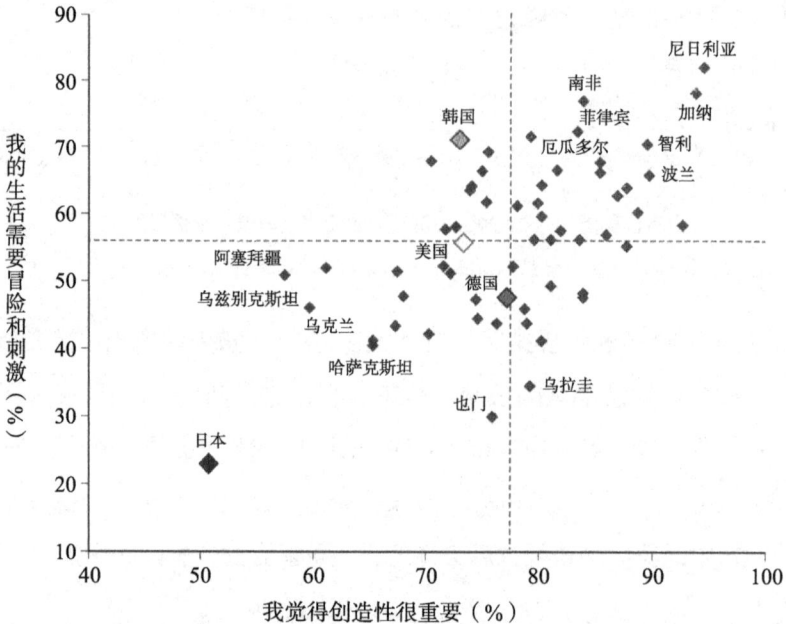

不同国家 20~29 岁年轻人的冒险精神与创造性

注：虚线表示 59 个国家的平均值。

图片来源：日本《新闻周刊》世界价值观调查（2010 年—2014 年）

那么，处境尴尬的日本能否抓住第四次工业革命的大好机遇，实现复苏呢？

我坚信，只要日本人和日本企业能够将自身的优势充分发挥出来，日本就不会错过这个机会，一定能够成功复苏。

非常幸运的是，日本不仅是发达国家，而且还面临着少子化和老龄化等诸多问题。对于这些问题，世界上没有任何一个国家比日本更有经验。

少子化、老龄化、看护人手不足、独居老人、蛰居族[①]、孤独死亡、能源、自然灾害、地方振兴、女性鼓励政策、儿童排队入托……现在日本面临的社会问题不计其数，而仅仅依靠智能手机和科学技术是不能完全解决这些问题的。

要想找到真正的解决方法，就要把人们在生产现场通过辛苦劳作获得的切身经验和智慧与 AI、机器人等科技结合起来。

更幸运的是，由于没有接受移民，再加上"婴儿潮一代"已经退休，日本成了唯——个劳动力不足的发达国家。

在医疗看护领域，人手不足是常态。大量零售企业和饮食企业也因人手不足而闭店。建筑、土木、测量技术人员的新增求人倍率[②]达到了前所未有的 5 倍[③]。日本所有的产业都迫切需要通过科技来提高生产效率。

英国与法国接受了大量移民，西班牙的青年失业率已高达 50%。如果这些国家也通过科技来提高生产效率，恐怕会引发第二次"卢德运动"。

在日本，利用 AI 和机器人技术既可以提高服务业的生产效率，还可以促使许多非正规企业走向正规化，帮助人们实现工作与生活的平衡，因此一定会得到各方的支持。

---

① 该词源于日本，是指人处于狭小空间，不进入社会、不上学、不上班，自我封闭地生活。日本国立精神神经医疗研究中心将其定义为"因为各种原因，参与社会活动的机会减少，长期不接触自家以外的生活空间的状态"。——译者注

② 是指劳动力市场在一个统计周期内有效需求人数与有效求职人数之比。——译者注

③ 数据来自日本厚生劳动省《劳动市场分析报告》第 61 号文件。

国内生产总值是由资本、技术和劳动三个生产要素的投入量函数来表示的。即使劳动量不变，只要实现技术上的飞跃，生产量也能迅速提升。

只要日本能够充分利用 AI、IoT、大数据、机器人、3D 打印机等这些第四次工业革命中的通用技术，就可以弥补劳动人口减少的劣势，不断提高 GDP。

到了 2050 年，世界上所有的国家都将面临少子化和老龄化的问题。如果现在就已经面临诸多问题的日本能够率先实现创新，就可以向世界输出创新成果，帮助各国解决问题。

本书将为您介绍应如何发挥日本人和日本企业的优势与特长，促使日本企业进行应有的创新，也会提出一些提高创新成功概率的具体方案。

我曾是一家大型外资会计事务所的注册会计师。我遇到了一位好上司，在他的指导下，我成了一名企业上市方面的专家，为许多企业提供了帮助。在此期间，我被调往 JASDAQ[①]，出任上市审查官，对 100 家以上创业企业做过上市审查。

2000 年正值互联网泡沫的鼎盛时期，我脑袋一热，辞掉了会计师一职，创立了自己的投资公司，并获得了 6 亿日元的风险投资。公司于 2006 年上市。

经由我审查通过并上市的企业中，现在有一半以上已经破产，这令我懊悔不已。这种懊悔鞭策着我不断去探索能够使日本企业永葆活力的秘诀。

不论是人还是企业，都有自己的生命周期，从成长、成熟，再到衰退。诸行无常，万物流转。没有一成不变的事物，永恒不变才是反常的。然而，有一种东西能够实现这种反常，让企业永存，那就是创新。

2006 年，我创立了 Work Happiness 股份有限公司，现在它已经成长为

---

① 日本 OTC 市场，日本股市的二板市场，英文简称为 JASDAQ，也称店头市场、柜台交易市场。它是日本唯一的店头市场，也是创业企业（Venture Business）筹资的最大市场。——译者注

一家为大企业创新出谋划策的咨询公司。

我相信，正是因为我了解创业企业和大企业两者的优点，所以才能为日本复苏提出合理的建议。

创新就是在使命感的感召下，去克服各种各样的困难。

发起了明治维新的创新者们赌上性命锐意改革。其中包括亲眼见到黑船的吉田松阴[1]、坂本龙马[2]和高杉晋作。还有伊藤博文和井上馨，他们赴英留学，为发达国家的文明程度而惊叹不已。

创新者们通过亲眼观察、亲自感受危机，不断增强自身的使命感，最终发起了明治维新。日本因此才能在近代不断取得发展，免于沦为欧美列强的殖民地，不断走向富强。

如果我也一直蛰居东京，不去了解世界，过着一成不变的生活，我可能只会感到"日本真和平""日本社会没有任何问题"。

正因为我游历世界各国，亲眼去看、亲耳去听、亲身去感受并加以思考，我才具有这般强烈的危机意识。

现在世界上正在发生着什么？日本将何去何从？我们又该做些什么？

本书将为您一一解答。

Work Happiness 股份有限公司董事长兼首席执行官 吉村慎吾

于 2017 年 1 月 19 日

---

① 日本幕末时期长州藩的爱国志士、思想家、教育家。吉田松阴生于 1830 年 9 月 20 日。1854 年他计划搭乘下田的美国军舰，后失败被捕，出狱后被软禁于家中。他主张"讨幕论"，在组织策划了一次暗杀事件后被捕入狱。吉田于 1859 年 11 月 21 日在狱中被判处死刑，终年 30 岁。

② 日本明治维新时期的维新志士，倒幕维新运动活动家、思想家。——编者注

CONTENTS

目　录

第一部分

破坏式创新的预兆

第 1 章　共享经济的冲击　// 3

优步化的冲击　// 4

相比于传统出租车具有绝对优势的优步　// 5

乘坐出租车的凄惨体验　// 7

传统企业受到共享经济冲击　// 11

福特汽车公司宣布向服务业转型　// 13

共享餐桌　// 15

人们环保意识的增强促进了共享衣橱的发展　// 16

从库房共享到闲人共享　// 17

众筹　// 18

实现陌生人借贷款的社交借贷服务　// 20

■ **第2章 IoT 带来的生产效率革命和新型商业模式 // 23**

垃圾箱连入 IoT，成本下降 50% // 24

对喷气式发动机进行阶梯式收费 // 25

扩展至保险、电力、医疗领域的 IoT // 26

通过 IoT 在云端享受所有功能和服务（从持有到享用） // 28

■ **第3章 所有的制造业都将变为服务业 // 31**

微笑曲线改变成功理论：商业模式设计最重要 // 32

深度学习为 AI 带来更多可能性 // 34

AI 软件企业凌驾于制造商之上的时代 // 36

所有的制造业都将变为服务业 // 39

■ **第4章 无人化与人类的超人化 // 43**

未来的就业 // 44

具有革命性的通用型机器人 // 45

AI 个人管家——Amazon Echo 智能音箱 // 47

无人化与人类的超人化 // 49

未来就业的两极分化 // 52

■ **第5章 需求的多样化与个性化 // 55**

多元化的价值观和生活方式 // 56

长尾效应与个性化 // 57

■ **第6章 从物质需求到自我实现 // 61**

奇怪的动机：从物质消费到精神消费 // 62

日本年轻人不买汽车 // 65

全世界的环保意识都在增强 // 68

第二部分

第四次工业革命和日本的创新方向

■ **第 7 章　IoT、AI 和共享经济改变了全世界的商业模式　// 73**

我们都身处第四次工业革命的浪潮之中　// 74

AI 成为通用技术　// 75

历次工业革命及其主导国家　// 76

日本政府的目标——"日本振兴战略"与第四次工业革命　// 79

■ **第 8 章　日本汽车产业的生存之路　// 83**

日本今后的创新方向　// 84

制造业的发展路线：完全无人化与云端化　// 85

汽车产业的发展路线：向出行服务业转型　// 87

利用 AI 和机器人提高服务业的生产效率　// 90

■ **第 9 章　提出能够解决社会问题的创新方案　// 93**

创新是为了解决日本的社会问题　// 94

提出创新方案，未来生活无忧　// 96

通过创新实现自我价值　// 101

精神财富让日本再次成为世界的榜样　// 105

■ **对话　日本经济产业省如何构想 2030 年的日本　// 109**

3

第三部分

日本企业创新理论

第 10 章　日本大企业进行创新时面临重重困难 // 119

　　由大企业引领创新并不容易 // 120

　　阻碍创新的心智模型陷阱 // 124

　　企业分析师出于好意却击溃了创新者 // 127

　　日本的人事制度排挤创新者 // 129

　　日本人的性格特点阻碍创新 // 131

　　卡洛斯·戈恩的变革理论 // 133

　　日本企业创新的关键：让整个决策层团队成为卡洛斯·戈恩 // 135

第 11 章　日本企业的成功创新公式 // 137

　　强烈的使命感·创新型商业模式·强大的行动能力和学习能力 // 138

　　正确定义使命，确保企业长存 // 140

　　通过使命再发现开辟创新之路 // 142

　　在核心技术上展开创新的事例——富士胶卷 // 144

　　让你再次发现使命的创新营 // 145

　　理想的产业模式 // 150

　　充分运用商业模式金字塔，强化创新思维和创造力 // 151

　　思维能力训练营 // 155

　　强大的行动能力和学习能力 // 158

　　Work Happiness 农场 // 159

■ **第 12 章　促进创新的物理环境**　// 165

　　催生创新的物理环境——出岛、聚集、保护　// 166

　　阻碍创新的"恐怖之山"　// 166

　　创新团队的三个特点　// 169

　　建设鼓励创新的环境　// 174

　　拯救日本的混合行业创新和日本创新者学园　// 179

■ **对话　化挑战为机遇，火中取栗，改变社会**　// 185

┌　　　┐

第四部分

└　　　┘

第五次工业革命是否会到来

■ **第 13 章　零浪费、零间隔时间的世界**　// 195

■ **第 14 章　即将到来的第二次文艺复兴**　// 199

　　后　记　// 203

第 一 部 分

破坏式创新的预兆

第 1 章

共享经济的冲击

◘ 优步化的冲击

IBM 公司在 2015 年 11 月 4 日发布了《全球 CEO 调研报告》。这份报告的撰写者对来自 70 多个国家和地区、21 个领域的 5247 位企业经营者（其中来自日本的有 576 人）进行了面对面的访谈，其中 66% 的企业经营者认为优步化在今后的 3~5 年内可能会对自己的公司产生影响。

优步化是指随着数字化企业进入市场，传统行业不断被颠覆的现象。

2009 年 3 月，在美国的旧金山突然出现了优步这种网约车软件。在创立后不到六年的时间里，优步便将业务扩展到了 67 个国家和地区的 360 多个城市。它抢占了原有出租车公司的市场份额，使出租车行业受到了巨大的冲击。

2016 年 1 月 22 日，旧金山最大的出租车公司 Yellow Cab 依据《美国破产法》第 11 条申请了破产。时任 Yellow Cab 总裁的帕梅拉·马蒂内兹在向法院提交的文书中提到，优步等网约车软件不仅给出租车行业带来了激烈的竞争，还夺走了它们的司机。不仅客源被优步抢走，就连 Yellow Cab 的司机也感受到了优步客源不断的魅力，被吸引了过去。

在此之前，出租车公司的竞争对手一直是其他出租车公司。日本交通 ①

---

① 日本交通股份有限公司，日本最大的出租车公司之一。——译者注

的竞争对手是日之丸交通①和国际汽车公司（KouKusai Motorcars）②。然而，突然现身的数字化企业优步将 Yellow Cab 彻底逐出了市场。

优步化其实是一种新型的破坏式创新（Disruptive Innovation）。

■ 相比于传统出租车具有绝对优势的优步

当我为 CEO 们演讲时，总会问他们这样的问题："大家知道优步吗？""大家用过优步吗？"

知道优步的人只有一半。100 个人中使用过优步的只有 2 人。可见，日本企业的经营者对新鲜事物非常不敏感。

因此，他们往往会否定来自生产现场的新方案。这也是无可奈何的事情。因为他们缺乏对有价值的新生事物的体验，所以无法作出正确的判断。

下面我谈一谈自己使用优步的体验。

在手机上安装优步客户端后，谷歌地图上就会显示出自己当前的位置和密密麻麻的优步车图标（在旧金山真的可以用"密密麻麻"一词来形容）。首先选择上车的地点，点击"出租车"按钮，客户端就会显示司机的照片，并提示"艾迪将在 3 分钟内驾驶着红色本田雅阁前来接您"。随着车子离自己越来越近，地图上代表艾迪车子的图标也在缓缓地移动，我可以对车的位置进行实时跟踪。

红色的本田雅阁驶了过来。司机本人比照片看起来略微胖一些，但毫无疑问这就是艾迪。

---

① 日本的一家出租车公司，主要在东京和神奈川县（横滨市及其周边地区）开展业务，主要业务有汽车租赁、出租车和公交车运营及驾校。——译者注

② 日本最大的出租车公司之一，业务集中在东京地区，主要业务有汽车租赁、出租车和公交车运营等。——译者注

他满面笑容地向我打招呼："您好！"我坐上车，车子立刻朝着目的地驶去。乘坐优步车时，不用像乘坐出租车那样告诉司机我想去哪里，只需在客户端上搜索目的地并发送给司机。因为在手机上就能完成所有操作，所以不会讲英语也没有任何问题。艾迪将手机固定在了汽车仪表板上，手机屏幕上显示着全程导航，他会按照导航的提示驾驶汽车。

车门储物格里放着未开封的矿泉水。艾迪笑着对我说："您请喝。"

"这周赚了多少钱？"

"1500 美元！大赚了一笔。"

"赚得最多的人一周能赚多少钱呢？"

"4000 美元！相当可观吧？"

"那他肯定牺牲了睡眠时间。"

我一路上与司机闲聊，不知不觉就到达了目的地。

"祝您愉快！"艾迪一边说着，一边带着灿烂的笑容将我送出车外。

下车一分钟后，我的手机收到了来自优步的邮件。附件是一张地图，邮件中写道："已完成以上行程，总计 13 美元 50 美分。"由于是信用卡支付，所以我不必向司机支付现金。我既不用担心司机会故意抬价或绕远路，也不会因计算对日本人来说比较陌生的小费而感到烦恼。

邮件的最后写道："请对司机做出评价。评分为五分评价制。"

我心想："原来如此。难怪艾迪不仅待客热情，还满面笑容地对我说'祝您愉快'，原来这一切都是为了得到五分好评啊！他请我喝水，开车时小心翼翼，满面笑容给我留下了很好的印象。既然如此，那就给他五分的满分吧！"

整个服务过程就结束了。

通过整合多名司机提供的信息可以发现，司机的评分一旦低于 4.7 分，接单数就会明显减少。因为评分和收入直接相关，所以司机们为了提高服务质量而煞费苦心。例如，他们会经常擦洗车辆，保持车内的整洁。

优步的司机各具特色。在夏威夷，我问几位司机："你为什么要当优步的司机？"第一位司机原本是律师，他说："因为可以遇到各种各样的人，所以我就来当优步司机了。"第二位司机的本职工作是长途货车司机。他想攒些钱给孩子买礼物，于是就利用业余时间做起了优步司机。第三位司机上周刚刚退休，他之前在银行从事资产管理方面的工作。我问他："夏威夷的经济如何？"他就为我做了详细的分析与说明，他的很多观点恐怕连一些经济学家听了都要自愧不如。

优步提供的是出租车服务，但仍以汽车共享为主要原则。优步的竞争对手来福车（Lyft）提出了"享受交流"的理念，希望乘客不要坐在后排，而是坐在副驾驶的座位上，享受与司机的交流。

去国外旅游时，一定会有人因为英语不好而遇到麻烦。也许自己会讲英语，但一起来游玩的家人却不会，他们独自行动时往往会非常不方便。

即便在这种情况下，优步也能提供既便利又令人舒心的服务。只要用优步软件叫车并指定目的地，就算途中不与司机讲话，也能顺利到达目的地。而且，评价系统会将服务态度差的司机排除在外，乘客可以安心乘坐。

这里有一点需要注意。实际上，司机也可以给乘客打分。如果乘客态度差，乘客的评分就会降低，下次再叫车时就不会有司机接单。因此，也有人认为，优步提高了美国国民的整体素质。

❑ 乘坐出租车的凄惨体验

这是去年我们一家在夏威夷旅游时遇到的事情。我听说最近优步大受欢迎，这使出租车公司努力提高自身的服务质量。为了对出租车的服务质量一探究竟，我们就在火奴鲁鲁①机场打了一辆出租车，告诉司机去特朗普威基基海滩国际酒店。司机是一个直爽的人，一路上我们与他交谈得十分愉快。汽车驶过高速公路，二三十分钟后就到了目的地。我把一家四口的行李箱从车上搬下来后直接进入了酒店。这里不愧是度假胜地的酒店，大厅宽敞明亮，别具一格。我穿过大厅，走到前台，说："我是吉村，之前在这里预约过房间。"听完我的话，前台服务人员的反应有些古怪，他随后说的话令我大吃一惊："吉村先生，十分抱歉，我们这里没有您的预约。"

"怎么可能？请再确认一下！"我态度强硬地说道。

我知道国外的酒店时常会出现超额预订的情况，碰到这种情况时态度一定要强硬。如果真的遇到超额预订的情况，一般的做法是大发牢骚，让对方想办法解决，至少要确保自己能够住进相同等级的酒店才行。

我想起去年欧洲旅行返回途中的一件事。在飞机换乘地迪拜，阿联酋航空通知我们由于机票超售无法登机。妻子的行李也在转机处丢失了（到最后行李也没有找到，妻子靠着在当地买的衣服和化妆品熬过了接下来的两周）。我怒火中烧，一边斥责航空公司服务不周，一边努力和他们交涉。我的努力总算有了效果，最后拿到了机票和数万日元的购物券作为赔偿（已经超过了丢失行李的规定赔偿金额）。那时，孩子望着我的眼神里充满了崇拜。

现在正是我大显身手的好机会。

我心里盘算着，一定要借这个机会在孩子心里留下深刻的印象，让他觉得"爸爸真厉害"。

但是妻子略显不安，问我："没事吧？"

---

① 美国夏威夷州首府，是一个港口城市，也被称为檀香山。——译者注

"没事。我在亿客行 ① 上预约过了。"

我在手机上找出亿客行的预约单，出示给前台服务人员。

"先生，我们这里是希尔顿酒店……"

"不是特朗普威基基海滩国际酒店吗？"

"不是的，我们是希尔顿度假酒店。"

我心灰意冷。原来是出租车司机听错了我们要去的地方。我为当时没有用优步而后悔不已。

我只能笑笑，一边挠着头一边问："不好意思，请问我预约的酒店在哪里呢？"

特朗普威基基海滩国际酒店在一个离我们说远不远、说近不近的地方。虽说不至于叫出租车，但是走着去稍微有点远。我们一家四口拉着四个行李箱，慢腾腾地朝着特朗普威基基海滩国际酒店走去。孩子嘟嘟囔囔地发着牢骚："爸爸可真马虎！"

我决定再也不坐出租车了！

那么，对顾客来说，出租车和优步车，哪个能提供更加优质的服务呢？

日本出租车公司的经营者们已经表态："要是没有我们，发生事故时，谁来为乘客的安全负责？"

但是，只要看一看统计数据就会发现，出租车的交通事故率比私家车高

---

① 提供机票、酒店预订服务的网站。运营该网站的 Expedia Inc. 的总公司位于美国华盛顿州的贝尔维尤。亿客行是世界上规模最大的线上旅游公司之一，自 2006 年起在日本开展业务。该公司成立于 1996 年，当时是微软公司的一个部门，2002 年加入在美国广泛开展网络相关业务的 IAC 公司旗下，并于 2005 年开始独立运营。

得多。

优步车都是私家车，所以司机们对其爱惜有加。他们经常洗车，保持车内外的整洁，开车时也会小心翼翼。因为乘客会给司机评分，所以司机都十分热情好客。他们也不会像日本的私人出租车司机那样，即使没人搭话，自己也能滔滔不绝。他们既不会听错目的地，也不会故意绕远路。用信用卡线上付款的支付方式也避免了司机没有零钱时向乘客摆臭脸的尴尬。

从总体上来说，优步车的费用比出租车低 20%~30%。但是，如果是工作日傍晚的高峰时段，乘坐优步车的费用将是平时的 1.3 倍。这种根据供需关系来调整价格的操作是微观经济学中理想的定价策略。

前几天我去硅谷出差，顺便和五位朋友结伴去了以酿酒厂著称的纳帕谷。其中的一位朋友要在第二天上午九点在旧金山开会，所以必须在清晨出发。从纳帕谷到旧金山大约有两个小时的车程。在途中，这位朋友一辆出租车也没有看到。他早晨六点起床，在手机上打开优步客户端，优步车在三分钟之内就来接他了。去往旧金山的旅途十分顺利，朋友准时参加了会议。可见优步是多么可靠！

应该不止我一个人认为，充分运用高科技的优步更有优势。

优步等网约车软件使腿脚不便的老年人也可以方便地出行。优步车的舒适和便利也吸引着更多靠走路或骑自行车出行的人使用共享汽车。它促进了对出行需求的挖掘，对消费产生了刺激作用。

反观出租车，我很难找到一个它必须受到法律保护的正当理由。

美国自不必说，在东南亚、欧洲的几乎所有城市都可以使用优步。今年夏天，我去北欧旅游。在北欧所有的国家都可以使用优步，在俄罗斯的圣彼得堡也可以使用优步。对喜欢在世界各地旅游的人来说，使用优步非常便利。

如果日本有志于发展旅游业，并增加入境旅游人数，那么优步等共享汽车服务的普及一定会为旅游收入的增加贡献一份力量。

然而，在日本，由于出租车行业的反对和日本国土交通省①的保护政策，优步的使用范围极其有限。比起用户的利益，日本更加注重保护现有的利益。

共享经济的出现使 P2P② 实现了零成本直接匹配，中间商则被排除在外。这种现象在美国被称为"Middleman will die"（中间商将会消亡）。在美国听广播时，我会频频听到"Middleman will die，Middleman will die"。

优步的问世使出租车公司这样的中间商的地位岌岌可危。

优步带给出租车行业的冲击恐将远远超出我们的想象。

◨ 传统企业受到共享经济冲击

所谓共享经济，就是通过共享闲置资产来减少社会浪费的经济模式。由于中等收入群体的收入减少，所以他们增强了节约意识，其消费观逐渐向"从持有到享用"转变。因此，共享经济的规模得以迅速扩大。即便是在保守的日本，共享汽车也渐渐开始走进人们的生活。

在共享商业模式中，爱彼迎（Airbnb）带给世界的冲击比共享汽车还要猛烈。

我们可以把爱彼迎理解为民宿预订服务。截至 2016 年，爱彼迎已经将

---

① 日本中央省厅之一，在 2001 年的日本中央省厅重组中由运输省、建设省、北海道开发厅和国土厅等机关合并而成，其业务范围包括国土规划、河流、都市、住宅、道路、港湾、铁路、航空、政府厅舍的建设与维护管理。——译者注

② Peer to Peer 的缩写，与主从式构架相对，P2P 是在互联网上可以直接连接具有对等关系的终端进行数据交换的通信软件或系统的统称。

业务扩展到了全世界 191 个国家和地区的 34 000 多个城市。

爱彼迎将持有空房间的房主（Host）和需要租房的旅行者（Guest）以家庭寄宿的形式联系起来。起初，爱彼迎的几位创始人发现，由于世博会将在自己居住的地区召开，导致当地的酒店房间价格暴涨。他们突发奇想：很多家庭本来是四口之家，孩子独立后房间就空了出来，如果当地有这样的居民愿意提供空房间，那么住宿价格是否就会大幅降低呢？这就是爱彼迎成立的契机。

在爱彼迎网站上输入旅游目的地城市后，就可以看到许多房屋和房主的照片。有人觉得，只要随便住进一家西式酒店，再逛一逛导游手册上介绍的旅游胜地，就能满足自己的期待，好好享受旅游了。殊不知，利用爱彼迎服务短期入住民宿，游客可以获得意想不到的丰富体验。

假设你住进了希尔顿酒店。早晨醒来，你不禁会想："这是哪里来着，是东京还是洛杉矶？"因为不论在哪个城市，希尔顿酒店的房间都千篇一律，完全体现不出当地的特色。

但是，如果使用爱彼迎，你就能获得完全不同的体验。假设你在泰国使用爱彼迎住进了当地民宿，你一定会感叹："这才是真正的泰国！"在这里，你可以和房主一起享受泰国人每天必吃的早餐。有些绝佳的景点和好吃的饭馆只有当地人才知道，绝对不可能写在导游手册上。如果想找到这些地方，你可以向房主请教。你还可以深入当地人的日常生活，了解他们的价值观。在世界连锁的酒店里，人们根本无法体验到这种充实心灵的"精神消费"。

爱彼迎刚刚问世的时候，我曾和朋友们讨论。"让不认识的人住在自己家里，能放心吗？""房客会不会大吵大闹、弄脏房间、乱惹麻烦呢？""爱彼迎肯定不会成功！"

事实上，爱彼迎大获成功。还没上市，爱彼迎的估值就已达到数万亿日元。

这是因为，参与共享经济的大部分人都能很好地体谅他人。共享经济也是评分经济，房客和房主一样，都会受到五分制评价。如果房客给房主惹了麻烦，房客就会得到房主的差评，以后再也没有房主愿意为他提供既便宜又能充实心灵的住宿服务了。

和优步一样，爱彼迎的共享商业模式也让人们的行为举止变得越来越文明。

◘ 福特汽车公司宣布向服务业转型

2015 年 6 月，福特汽车公司 CEO 马克·菲尔兹（曾任福特马自达小组负责人，日本人对他应该很熟悉）宣布，福特汽车公司将转型为出行服务公司。福特将不再是一家汽车制造和销售商，未来将转向汽车出行服务业。同时，福特还向购车顾客提供了一项福利：顾客可以自愿使用福特信贷公司的渠道向他人提供共享汽车服务，这样就可以低价购车。也就是说，顾客在自己不使用私家车的时候，可以将其作为共享汽车，赚取额外收入。

这对顾客来说确实很实惠。但是，仔细想想便能发现，这项服务实际上是让车主承担了共享汽车的全部财务负担，而福特汽车公司则能毫无风险地进军共享汽车行业。提供共享汽车服务的顾客会因汽车价格的降低而感到高兴。然而，他们总有一天会察觉到一个问题：真的有必要买车吗？直接用共享汽车出门不就行了吗？

我们可以推测，不久之后，福特的新车销售量将会越来越少。

有一项针对美国西海岸地区的调查发现：市场中每增加 1 辆共享汽车，就会减少 15 辆私家车。福特汽车对这一事实心知肚明，却还是决定向共享汽车行业进军。因为福特知道，即使自己不这样做，不久也会被别的汽车公司抢占先机。与其坐以待毙，不如及早行动，逐渐脱离汽车制造销售行业，转而靠提供汽车出行服务盈利。福特能否成功实现转型还是未知数，因为这涉及人们的消费观，关键在于人们能否转变消费观，接受共享模式。福特极有可能面临这样的情况：新车销售量逐渐减少，但工厂设备等固定成本却无法及时减少。

2016 年 1 月，美国通用汽车公司宣布"向汽车出行服务业转型"。同年 11 月，丰田汽车公司也宣布"将在制造并销售车辆的同时提供汽车出行服务"。在日本，共享汽车的服务范围也在迅速扩大。人们的消费观正在朝着"从持有到享用"的方向转变。

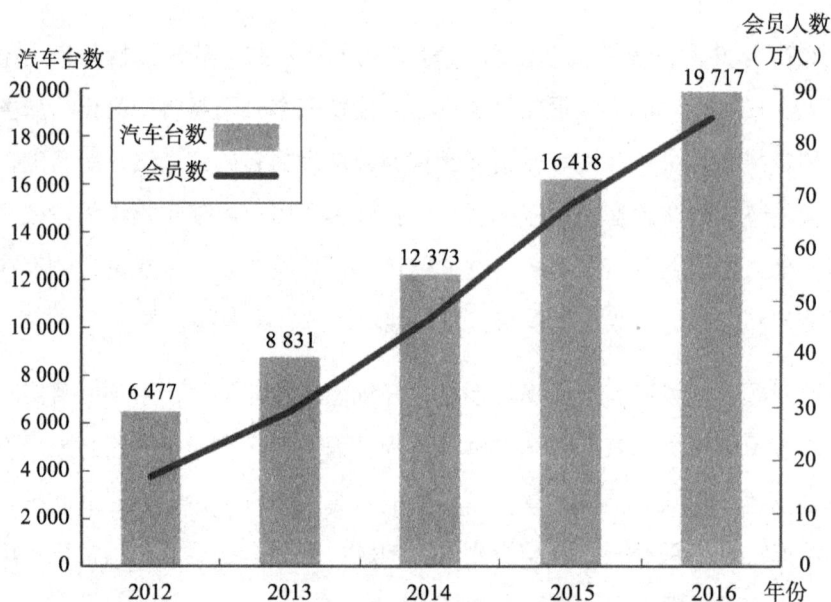

日本共享汽车数量和会员数的变化

图片来源：公益财团法人交通生态流动财团《日本共享汽车数量和会员数的变化》

随着共享汽车业务范围的扩大，共享空间服务也在不断发展，akippa 就是其中一例。akippa 是共享私人停车场的服务，既方便又便宜。例如，在东京巨蛋①将要举办当红乐队的演唱会，这时附近的停车场基本上都会满位。这时，如果在 akippa 的手机客户端上搜索车位，就可以找到附近有空位的包月停车场或私人停车场，而且租金非常便宜，一天只需花费大约 1000 日元。有些老人由于上了年纪不方便开车，就卖掉了私家车。有些人觉得共享汽车已经足够方便，就不再使用私家车。这样一来，他们的停车场就成了闲置资产。

智能手机的普及把人们带入了一个新时代，人们可以简单、有效地利用闲置资产。

☐ 共享餐桌

共享餐桌在旧金山十分流行。

举例来说，有一位独居的老太太在做饭时不小心多做了一些饭菜，她可以利用共享餐桌服务，邀请别人来家里一起吃饭。当然，也有免费的共享餐桌。有的人觉得一个人吃饭很寂寞，他希望和大家边吃饭边聊天，度过一段既饱口福又能充实内心的时光。

即使在自家招待素不相识的人也没有问题。因为共享经济是实名制的评分经济，态度不友好的人评分降低后，就无法再次使用共享餐桌服务。当然，如果那位老太太做的饭很难吃，也很难吸引回头客。

2012 年，在旧金山成立的 Mealshare 可以说是共享餐桌的老字号了。旧金山的物价很高，而在共享餐桌上，每个人只需花费 5~10 美元就可以吃到一顿晚饭，既经济又实惠。

近年来，世界上所有国家的独居人口数都在增加。"今天晚上去谁家吃

---

① 位于日本东京文京区，是一座拥有 55 000 个座位的体育馆。其屋顶为蛋形，故被称为"东京巨蛋"。——译者注

晚饭呢？""去这个人的家里试试吧。"既不需要花费太多钱，又让本该一人度过的孤独夜晚多了几个选择，共享餐桌对独居者来说是一个不错的选择。

还有一些公司提供与共享餐桌类似的服务，如 Feastly。它于 2013 年在华盛顿哥伦比亚特区成立，并在纽约、芝加哥和旧金山等城市提供类似于共享餐桌的服务。Feastly 的模式是让专业的厨师在自家做菜招待客人，这与 Mealshare 的家常菜形成了对比。顾客在提交订单时要根据菜单和价格选择菜品，还可以对厨师是否穿着厨师服提出要求。不是去街上随处可见的饭馆里吃饭，而是和朋友们在时效仅有一天的秘密家庭餐馆中度过不寻常的一晚，肯定别有一番风味。Feastly 套餐的价格为 30~40 美元，如果到外面的饭馆吃饭，价格往往会翻倍。

那么，菜品的味道如何呢？提供服务的厨师大部分都做过专业厨师，或者是以专业厨师为目标正在努力学习厨艺的人。只要预约到评分 4.0 以上的厨师，就一定能与朋友们度过特别的一晚。

Feastly 有效地利用了自家餐桌和厨房等闲置资产。对于不得不进行固定资产投资，且菜品价格昂贵、千篇一律、服务质量低的连锁餐馆来说，共享餐桌的发展很可能会威胁到它们的生存。

■ 人们环保意识的增强促进了共享衣橱的发展

美国的某个非营利组织正在提供儿童服装和玩具共享服务。该组织以三个月为回收周期，回收的玩具经消毒后会被送往下一个家庭。孩子成长很快，衣服穿不了多久就会变小，玩具也很快就玩腻了。如果不共享这些物品，橱柜里很快就会堆满"垃圾"。

几十年来，日本和美国的中等收入群体都在走向贫困化。这种共享可以帮助人们轻松节省开支。

儿童服装和玩具的制造商、经销商的规模将会不断缩小。

女性服装市场也出现了同样的情况。现在有一种服务正在全世界流行：只要每月缴纳一定的费用，就能共享一定数量的服装，穿腻了还可以更换。返还的服装经过清洗后将会被提供给下一位女性。在手机客户端上，顾客可以根据服装分类浏览照片。服装琳琅满目，顾客在挑选的过程中还能体会购物的乐趣。由于月租固定，所以不必担心价格问题。服装共享源于宴会礼服租用服务，但现在它的服务范围已经扩大到首饰和手提包等。看到这里，我们就能明白为什么全世界的服装企业都在苦苦挣扎。

二氧化碳减排等环保意识的增强也为共享衣橱的发展助了一臂之力。在日本，每年都会产生上百万吨废弃衣物。这是因为人们在每个季度都会购买H&M 和 FOREVER21 等时装品牌的新装，每逢换季就会扔掉一批衣服。这样的行为正在广受谴责。

在法国，出售老太太手织毛衣的网站十分受欢迎。在网站上，顾客可以浏览老太太的照片和她的编织作品，点击链接还能看到她的简历。顾客如果想定制毛衣，就可以给老太太发信息。虽然手织毛衣的价格是 H&M 毛衣的10 倍，但由于这件毛衣背后的故事，顾客完全可以穿一辈子，甚至把它传给孙辈。

◘ 从库房共享到闲人共享

在美国，就连工具和农机具都可以共享。工具和农机具虽然不经常使用，但偶尔也会派上大用场。在当地的社交网站上，人们可以通过支付小额租金租用别人的工具。"我这里有电锯""我这里有给混凝土打眼的冲击钻"，人们在网站上互相交流，大大减少了当地的资源浪费。"我家里有一台砂轮机，它是用来割铁的工具，可是我在 5 年前只用了一次就把它放进了储物室，再也没有拿出来过……"

在人手一台智能手机的时代，新服务层出不穷，其中就包括"共享闲人"的 Instacart，我们可以将它视为"闲人版优步"。启动客户端，就能看到哪些闲人买手有时间跑腿。只需花费 5 美元的跑腿费，向买手下单"帮我买鸡蛋和牛奶来"，想要的东西就能在 1 小时之内送达。

例如，在双职工家庭中，带孩子的母亲想做烤薄饼，却发现家里没有鸡蛋和牛奶了，只能去超市买。美国地域辽阔，超市的面积也很大。想要去超市，就需要经过走到停车场、开车、把车停到停车场、走到超市门口等过程，全程大概需要花费 30 分钟。进入超市后，还必须在巨大的超市里寻找鸡蛋和牛奶，最后还要走到遥远的结账区。整个过程足足要花费两个小时，而且带着婴儿出行也非常不方便。

Instacart 的服务对象正是有钱但没有时间的人。Instacart 的买手大多是想赚外快的学生或主妇，他们会在自己方便的时间里当买手赚点钱。

与优步相同，买手也会受到五分制评价。评分越高，买手就越能高效地赚钱。

正是因为当今时代智能手机和信用卡支付已经普及，再加上双向评价机制，Instacart 这一新型服务才会出现。

◻ 众筹

共享经济也影响到了金融领域，其中最具代表性的就是众筹。

众筹是指通过互联网向不特定的众多人筹集小额资金的筹资手段。如果筹资人是为了开发新产品而发起众筹，并且成功开发出了新产品，那么筹资人要在第一时间将第一批生产出来的新产品作为报酬赠送给出资人。

专业登山运动员也可以通过众筹招募个人赞助商，这时报酬的形式就变得多种多样了。如果赞助人出资 3000 日元，运动员就可以送给他一个钥匙链作为纪念；如果赞助人出资 10 000 日元，运动员就可以把写着赞助人梦想的旗子插到珠穆朗玛峰上并把内容大声念出来，并把这个过程拍摄成具有纪念意义的视频。

通过众筹，某个制造可穿戴式健康管理设备的科技公司筹集了 10 亿日元，以虚拟现实头盔驰名世界的 Oculus 公司成功筹集了 30 亿日元。

对小型制造商及个体户来说，规避风险的最佳措施就是通过众筹招募潜在客户，并在收到预付款后再开始大批量生产。如果出资人很少，就说明市场没有这方面的需求。这时就要及时调整产品的设计理念，避免浪费和失败。

以往，制造商在制造产品时，都要经过计划、制造、销售等一系列过程。而且销量往往时好时坏，销售状况很不稳定。现在，只要利用众筹，小型制造商就可以把自己设计出来的产品投放到市场中。制造商从用户那里筹集资金后，可以把生产委托给新兴国家的制造商。今后，这种生产方式将会成为主流。

使用众筹时，不必担心融资后会失去股份。即使完成了 IPO，想要从市场筹集 10 亿日元的资金也非常不容易。如果厂商的负责人真的拥有宏伟的理想与高超的能力，并能为顾客提供令其心满意足的好产品、好服务，那么证券公司和证券交易所也就没有存在的意义了。

索尼成立之初的理念是"制造具有开创性价值的家电产品"。但是为了生存，索尼无暇实现自己的理念，只能持续不断地生产电暖脚器，再把积攒下来的资金用于制造磁带式录音机。索尼创业 10 年后，才真正制造出具有开创性价值的产品——晶体管收音机，一举震惊了全世界。

比起那时，现在的创新者们拥有得天独厚的条件。只要他们拥有真正的梦想和才华，就能在很短的时间内如愿以偿，不必为了大批量生产而投入资金建设工厂。在中国等国家，从事电器产品制造的工厂有很多，完全可以满足创新者们的代工需求。

软件开发就更简单了。以往，如果企业想在互联网上提供服务，就要自掏腰包去买价值不菲的服务器，这样才能承载巨大的通信量。现在，企业只需租用亚马逊提供的亚马逊云计算服务平台（AWS）①，以阶梯式缴费的形式每月支付少得多的钱，就能拥有属于自己的服务器。亚马逊拥有一个巨大的服务器中心，该中心采用虚拟技术，客户随时都可以根据通信量来增减存储容量。

在当今时代，只要有头脑，即使不投入资金，利用制造商和网络服务提供商也可以实现自己的梦想。

而在面向消费者的产品和 Web 服务这些领域中，已经没有大企业出场的机会了。大企业能够大有作为的地方将会越来越局限于需要大量资金或长期投资的领域，如新干线和核电站的建设，以及碳纤维的开发等。

▣ 实现陌生人借贷款的社交借贷服务

在美国，一种能够实现陌生人借贷款的社交借贷服务正在迅速发展。

例如，有人想要购买一栋价值 1 亿日元的住房，他可以把这 1 亿日元分为 3000 万日元、3000 万日元和 4000 万日元三部分，直接向三个人分别贷款，通过这种方式来筹集资金。

---

① 即 Amazon Web Service，是美国亚马逊公司从 2006 年开始提供的云计算服务。该云计算基础设施平台具有扩展性高、成本低的特点，正在为全世界 191 个国家和地区的 100 万余家企业提供服务。

美国的贷款利息很高。对借款人来说，银行的贷款利率是 5%，个人贷款利率只有 4%。对贷款人来说，银行的定期存款利率仅为 1%~2%，如果向他人发放贷款，就能收取 4% 的利息。社交借贷对双方来说都有好处。

可能有人会问：把钱借给不认识的人，有保障吗？要是对方只借不还怎么办？该怎样进行管理呢？

提供社交借贷服务的各家企业都把信贷管理方法作为商业机密不予公开。但是，我们通过综合各种信息可以推测，大部分企业应该会基于用户信用卡的消费记录和社交平台的好友信息设计出一套独特的算法来进行信贷审查。例如，如果用户在 Facebook 上的大部分好友大多财务状况良好，他的信用度自然就会提高。

在银行办理过住房贷款的人都知道，贷款手续非常繁杂，其中的信贷审查需要好几天时间，往往令人坐立不安，而社交借贷的审查只需要几个小时就足够了。

如果社交借贷得到普及，就会威胁到银行的主要收入来源。截至 2014 年 12 月，美国最大的众筹平台 Lending Club 的融资总额已达 6500 亿日元，市值超过了 1 万亿日元。

第 2 章

IoT 带来的生产效率革命和新型商业模式

◘ 垃圾箱连入 IoT，成本下降 50%

如同共享经济一样，IoT[①] 也将给未来生活带来巨大影响。IoT 实现了物品与物品的互联，使世界上的一切事物都被接入了互联网。

在英国伦敦，如果给所有的垃圾箱都安装上传感器并把它们接入 IoT，就可以降低 50% 的清洁成本。以往，伦敦的清洁工在清理垃圾箱时，只有打开每一个垃圾箱的盖子才能知道这个垃圾箱是否已经装满垃圾。在垃圾箱上安装传感器之后，清洁工只需清理装满了垃圾的垃圾箱，这样就能降低 30% 的成本。如果进一步收集数据，再生成大数据，又会发生什么呢？通过分析大数据，清洁工就能知道周一走这条路效率高，周二走那条路效率高。如果能够根据日期设计出高效回收垃圾的路线，又能降低 20% 的成本。

IoT 还可以在更广阔的领域里帮助企业降低经营成本。有些日本企业将养老院的床位接入了 IoT。以往，护理员需要定时给每一位老人换尿布，但其中有 40% 的老人并不需要换尿布。如果能把老人们的床位接入 IoT 并收集护理数据，那么护理员只需给真正需要换尿布的老人换尿布就行了，这样就能减轻劳动负担。如果再将这些数据生成大数据并进行分析，护理员就可以根据日期和时段优化护理操作，从而进一步降低成本。

企业完全有望通过 IoT 降低 50% 的经营成本。

---

① IoT（Internet of Things）即物联网，也就是物品与物品相连的互联网。IoT 是新一代信息技术的重要组成部分，也是信息化时代的重要发展阶段。——译者注

◘ 对喷气式发动机进行阶梯式收费

举例来说，某家航空公司想要购买新型的波音飞机。不论飞机发动机的制造商是通用电气公司还是劳斯莱斯公司，航空公司都没有必要支付全款。现在的做法是，飞机飞多远就收多少钱，也就是根据飞行里程进行阶梯式收费。对航空公司来说，因飞机故障引起的延误和停航往往会给自己带来巨大的损失。而现在，飞机制造商利用远程监控就可以及时对飞机进行保养与维修，这对航空公司来说实在是一大福音。通用电气公司在喷气式发动机上安装了传感器，以便对发动机的声音和震动情况进行实时监控，这样就可以在第一时间发现异常情况，并及时对发动机进行保养与维修。

通用电气公司还将大量飞行数据生成大数据。通过分析和研究这些大数据，通用电气公司为航空公司提供咨询服务，为他们制定能够节省燃料的最优飞行方案。

德国空气压缩机制造商凯撒公司决定停止把空气压缩机作为商品进行销售，改为以阶梯式计价的方式出租空气压缩机。不久之后，凯撒公司就迅速扩大了市场份额，从中型制造商发展为大型制造商。

凯撒公司利用 IoT 将 200 台空气压缩机连接起来，并将它们的工作状况数据生成大数据。使用 AI 分析大数据带来了令人惊叹的效果：空气压缩机达到了最佳工作状态，耗电量也降低了 60%。

我曾经询问过一名在日本某大型制造公司工作的空气压缩机开发负责人："你的目标是什么？"他这样回答："通过开发新材料来制作风扇叶，使耗电量降低 2%。"我又问："降低 2% 的耗电量有很大的好处吗？""当然。如果世界上所有的空气压缩机都能降低 2% 的耗电量，那么二氧化碳的排放量将会大为减少……"他兴奋地向我讲解着，双眼熠熠生辉。

不过，如果利用 IoT 从软件层面进行改进，就可以在极短的时间内降低

60% 的耗电量。硬件工程师绞尽脑汁、呕心沥血才能使耗电量勉强降低 2%。相对于 IoT 在软件层面提供的优化方案，这个成果简直微不足道。

我还问过一位在某大型汽车制造公司负责开发新一代汽油引擎的技术人员："你的目标是什么？"他回答说："通过开发新材料来制作涡轮增压器，这样就能降低 2% 的耗油量。"

实际上，如果利用人工智能来操作高速公路上无人驾驶车辆的油门和刹车，并优化发动机的控制系统，耗油量就会在短时间内降低 20%。如果把在高速公路上行驶的车辆通过互联驾驶（Connected Drive）技术连接起来，就能使所有车辆像火车车厢一样实现联动，这样不仅能够降低空气阻力，而且根本不需要踩刹车。利用 IoT 来控制车辆，完全可以降低 5% 的耗油量。

IoT 最关键的一点就是能够将物与物互联，从而扩大控制范围。如果能在更大范围内优化控制物物互联的网络，那么全世界的资源利用率一定能得到大幅度提高。

◘ 扩展至保险、电力、医疗领域的 IoT

汽车保险也开始实行阶梯式收费。如果给所有的汽车都安装上能够记录汽车所有数据的 OBD-Ⅱ^① 接口，再将其与通信设备连接，它就可以向数据中心不断发送行车数据，人们就可以根据汽车行驶状况来缴纳汽车的保险费。

不论是每天开车上班的人，还是只在周末开车出行的新手；不论是开车莽撞的人，还是开车小心翼翼的人，所有车主缴纳的汽车保险费基本上是

---

① 一种车载自动诊断系统，该系统能够持续监控汽车尾气的排放状况和发动机的主要部件，还能判断主要部件和汽车的工作状态。

一样的。其实，这种收费制度很不合理。一直以来，由于没有一种手段能够准确把握汽车的行驶状况，即使想根据实际驾驶情况来收费也是不可能实现的。现在，传感器价格持续下将，通信成本大幅降低，这些都为 IoT 的实现提供了有利条件。因此，根据汽车行驶状况来收取汽车保险费已经不再是难以实现的梦想。

美国有一家名为 Nest 的公司。起初，Nest 公司只是做了一个简单的设计，即在家用空调的恒温器刻度盘上安装设计美观的控制器，使其可以通过手机来遥控。每天，空调都会在同一时间自动打开，在同一时间自动关闭，还可以根据天气状况使室内保持恒温。由于手机拥有定位功能，人们离开家后空调就会自动关闭，快回到家时空调又会自动打开。Nest 公司生产的控制器确实给人们的生活带来了便利。

由于该感应器设计美观，所以其销量很好。那么，下一步该做些什么呢？

在日本，一年中用电量达到峰值的时段是夏季甲子园决赛那天的下午两点。电力公司为了防止在这个时候断电，建设了备用发电站，为最大负荷提前做好准备。也就是说，有些发电站在平时是不工作的。对此，Nest 公司决定和电力公司联手，远程削减用电峰值。它们开展宣传活动：只要愿意为二氧化碳减排作出贡献的家庭，都可以免费得到 Nest 公司提供的空调控制器。

如果能够削减用电峰值，就能帮助电力公司节省一家发电厂的发电量，还能帮助其节省巨额的固定成本。这对电力公司、当地居民和地球环境来说是"三赢"的结果。

在卫生保健行业也有类似的案例。有些企业将体温计接入 IoT，使其通过蓝牙向手机发送数据，然后将每天的体温变化制成图表，帮助用户进行个人健康管理。

如果全美国的人都将体温计接入 IoT，将会怎样？我们完全可以预测流感将会在何时发生。体温计企业还可以通过向医疗机构提供疫苗和咨询服务来获得额外收入。这对用户、医疗机构以及美国民众来说也是"三赢"的结果。

IoT 首先解决的是身边的问题，随后逐渐扩大解决问题的范围，待其将收集到的数据生成大数据后，将会产生极其巨大的价值。

◪ 通过 IoT 在云端享受所有功能和服务（从持有到享用）

现在，提供 IT 服务的企业可以利用亚马逊和谷歌提供的云计算服务，以阶梯式付费的方式在名义上得到属于自己的数据中心，并灵活运用这些资源。

虚拟化技术可以将一个硬件分割为多个虚拟硬件，使其能够稳定地进行工作并向用户提供云服务。可以说，IoT 就是使事物的云端化（按需持有）成为可能的虚拟化技术。

共享汽车就是一种按需持有。如果无人驾驶技术得到广泛应用，汽车共享就会变得更加方便。现在，共享汽车的司机必须去停车场才能把汽车开出来。如果无人驾驶技术得到普及，乘客只要通过手机进行控制，车子就能自动开过来。乘客从车上下来后，车子又会自动驶向下一位乘客，整个过程都会变得非常方便、快捷。

现在，大约有 97% 的汽车都处于非工作状态，停在停车场里。如果能够通过 IoT 这一虚拟化技术实现按需持有，那么说得极端一点，或许只用 3% 的现有车辆就能满足所有人的出行需求。

再例如，在某工厂区的一家工厂里，锅炉产生的蒸汽中有 50% 是多余的。同时，附近的一家工厂刚好需要大量的蒸汽。如果对整个工厂区的蒸汽进行云端化处理，那么只需要一半的锅炉就足够了。

同理，如果整个工厂区都能通过 IoT 实现云端化，制造氧气和氮气等工业气体的设备与卡车、叉车、存储仓库等生产设备也能实现减半。

再例如，各家物流公司都有自己的卡车，有的物流公司的卡车满载时，有的物流公司的卡车也许刚刚结束配送，正在空车行驶。如果将社会上所有物流公司的卡车都接入 IoT 并实现云端化，那么卡车数量也可以减半。

第 **3** 章

所有的制造业都
将变为服务业

◘ 微笑曲线改变成功理论：商业模式设计最重要

商业领域的成功理论已经发生了改变。

下图是体现了附加价值的微笑曲线。

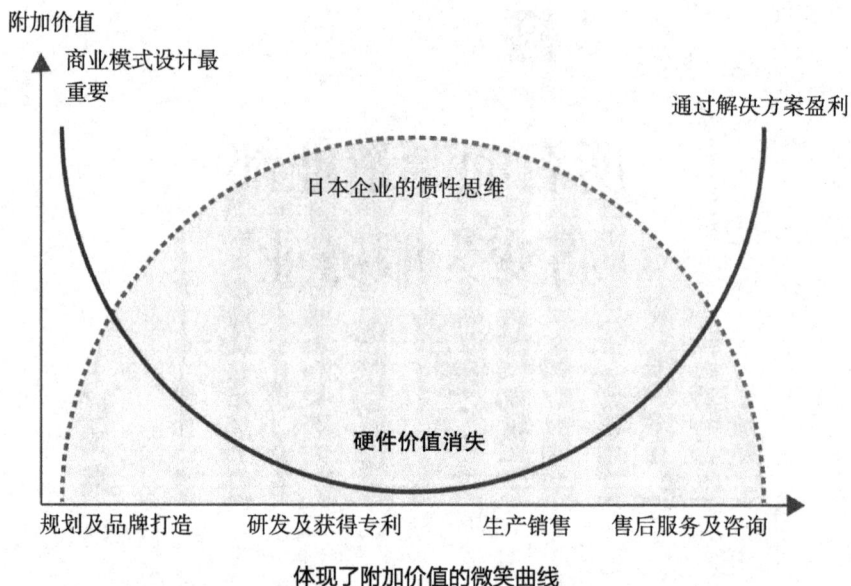

附加价值

商业模式设计最重要

通过解决方案盈利

日本企业的惯性思维

硬件价值消失

规划及品牌打造　　　　研发及获得专利　　　　生产销售　　　　售后服务及咨询

体现了附加价值的微笑曲线

　　商业价值链中能产生最多附加价值的步骤就是规划与品牌打造。商业模式设计是最重要的，而生产过程几乎不能产生附加价值，销售及售后服务又会再次产生附加价值。

　　举例来说，苹果手机就有一个优秀的商业模式。苹果公司通过"加州设计"（Designed in California）来完成商业模式设计和品牌打造，又通过"中国制造"(Made in China)将生产委托给富士康公司。苹果公司还通过提供iTunes 商店和应用商店等售后服务进一步提高了盈利水平。

苹果公司的营业利润率为 40%，而负责手机生产的富士康只能获得不到10% 的利润。

苹果手机的应用商店提供了一个很好的平台，刺激着众多手机应用开发商争相开发应用，苹果公司则从开发商那里获得了 30% 的利润。

外形新颖美观的"加州设计"吸引了一大批狂热粉丝。苹果公司为了满足用户的各种需求，为用户提供了大量手机应用。苹果公司还通过云服务实现了 iPhone、iPad 和 Mac 等设备之间的数据传输。

苹果公司的真实身份并不是制造商，而是服务商。苹果公司能够取得成功的主要原因就在于其商业模式设计十分出色。

反观日本的企业，又是什么情况呢？日本的制造业基本上都在坚持"制造产品最重要""只要是好产品就能卖出去"等经营理念，直至今日仍对此深信不疑。日本企业里既没有专业的部门来设计商业模式，也没有从事相关工作的专业人员。

日本企业之前凭借"让好产品更便宜"的经营理念获得了成功。而现在，正是以往的成功经验束缚着日本企业的思维方式。它们将现在不成功的理由归咎于"没有制造出新颖的产品"，仍然固执地以产品开发为核心，在不关键的地方浪费着大量的资源。

前文提到过，德国的凯撒公司停止将空气压缩机作为商品销售，转而开始对空气压缩机进行阶梯式收费，通过使空气压缩机达到最佳工作状态来获取利润。正是这种商业模式设计使凯撒公司得到了迅速发展。

再举一个我们身边的例子。雀巢公司旗下的奈斯派索（Nespresso）的商业模式就很好理解。奈斯派索通过销售浓缩咖啡机和咖啡胶囊大获成功。

之前有一家工厂倒闭了，厂长哭诉道："我们到底做错了什么？我们比任何人都努力工作，但现在工厂却倒闭了。"说着，他又痛哭起来。其实，他们什么也没有做错，因为一直以来他们如此勤劳地工作着。错的是企业决策层，他们没有设计出好的商业模式。

商业模式设计远比产品和服务的开发重要！

◘ 深度学习为 AI 带来更多可能性

深度学习 ① 这一技术有望使 AI② 的能力得到大幅度提高。2012 年，由谷歌开发的 AI 成功识别出了猫脸，引起了一阵轰动。虽然对人类来说，识别猫脸是连婴儿都能做到的事，但对计算机来说，没有经年累月的研究开发是不可能实现的。使计算机拥有这种能力的就是深度学习，它通过模拟神经网络，即模拟人类大脑中的神经系统，让计算机对事物的特征信息③进行学习。

深度学习仿照婴儿学习事物的过程，使 AI 进行同样的学习。婴儿首先能够识别自己的母亲，然后逐渐能够识别出与母亲具有相同特征信息的其他人。接下来，他就能将人类和猫、狗区分开来。父母指着猫对孩子说"那是喵喵"，指着狗对孩子说"那是汪汪"，婴儿就能逐渐掌握猫和狗的特征信息，看到猫时就会说"喵喵"，看到狗时就会说"汪汪"。同样的学习方法也

---

① 近年来备受关注的人工智能研究领域之一，是英文"Deep Learning"的直译，指建立、模拟人脑进行分析学习的神经网络，使之模仿人脑的机制来解释数据。其具体应用之一就是将声音识别和语言处理相结合的语音助手。在图像识别等领域，该技术也得到了广泛应用。

② 人工智能（Artificial Intelligence），英文缩写为 AI。它是研究、开发用于模拟、延伸和扩展人的智能的理论、方法、技术及应用系统的一门新兴科学。——译者注

③ 使人认识某个物体和世界的要素。例如，当我们想在多个物体中选择玻璃杯时，即便玻璃杯的形状、颜色和材料并不相同，人们还是能够认出它来。这是因为人们已经在不知不觉中掌握了玻璃杯的特征信息。

适用于 AI。

为了让 AI 能识别出猫，谷歌让 AI 学习了一万张猫、狗和人的照片。起初，AI 虽然不能识别出猫，但是通过对特征信息的学习，它逐渐能够判断出猫、狗和人是不一样的事物。最后，人们将猫的照片和"猫"这个词对应起来，AI 就能够识别出猫的照片了。

过去的 AI 必须由人手把手地教授才能学会知识，学习过程往往十分漫长。深度学习技术的发明使 AI 的学习效率实现了跨越式的提高。

只要确定了想让 AI 做的事情，就知道了应该让它学习些什么，下一步就是大量收集学习数据，让 AI 自学。最后，只要稍稍点拨，AI 就能被用于特定的用途。

2015 年 10 月，AI"阿尔法围棋"（AlphaGo）击败了欧洲围棋冠军樊麾，这也是通过深度学习取得的成果。阿尔法围棋每天和自己对弈 3000 次。通过这样的强化学习和训练，阿尔法围棋的棋艺日益精进。经过持续的深度学习和训练，2016 年，计算机的图像识别能力已经超过了人类。

对无人驾驶技术来说，图像识别是必不可少的一部分。AI 可以通过图像识别来判断路口的人是否停住了脚步在看手机或是否要继续前行。如果将无人机和 AI 结合起来组成无人机警卫队，可以用它们来追踪形迹可疑的人。当然，还可以让 AI 监控体育场，关注每个人的行为，当识别出有人图谋不轨时，无人机就会飞向那个人并发出警报。在识别核磁共振图像、判断早期癌症方面，AI 的识别准确度甚至超过了经验丰富的医师。

可以推测，AI 将在未来的产品开发过程中发挥越来越重要的作用。

在无人驾驶技术领域，谷歌已经走在世界的前列。截至 2016 年 6 月，谷歌无人驾驶汽车已经完成了 200 万英里（约合 322 万千米）的上路测试。无人驾驶汽车、AI 每天都在不断地学习。同时，谷歌无人驾驶汽车每天都会进行 300 万英里（约合 483 万千米）的模拟驾驶，保证驾驶能力得到持续提升。

如果在所有的产品开发活动中都能将数字模拟和 AI 结合起来，就可以迅速将更多高性能、低成本的产品投入市场。

使无人驾驶成为可能的并不是硬件，而是有着与人类相同判断力的 AI。世界上的各家汽车制造商生产出来的汽车在硬件质量方面差距很小，无人驾驶技术所需的传感器等硬件也是大同小异。而谷歌则领先一步，让 AI 学习大数据并将其应用到无人驾驶技术中，因此谷歌在无人驾驶技术领域中遥遥领先。今后，在无人驾驶技术领域内，汽车制造商们极有可能被迫在谷歌提供的基础设施上采取红海战略，在极小的降价空间里苦苦挣扎。

企业首先要决定让 AI 做什么事情，然后快速收集 AI 应该学习的数据。当 AI 已经具备解决问题的能力时，再将其安装到对象产品上。今后，完成上述这一过程的速度将决定企业的竞争力。

◻ AI 软件企业凌驾于制造商之上的时代

如果知道了 IoT 的本质，软件企业就能轻而易举地控制制造商。

举例来说，我能在极短的时间内打造一家成功的空气压缩机制造商。我会先找到大数据和 AI 方面的专家，成为他们的合伙人，并由我来负责营销和销售工作。随后，我会向需要大量空气压缩机的公司展开猛烈的营销攻势："我们公司的空气压缩机可以帮助贵公司降低 30% 的耗电量，请您一定要购买！"

以前，空气压缩机制造商的广告词都是"我们的产品比其他品牌的产品能为您多节省 2% 的耗电量"，这个数字可谓微不足道，因为现在节省幅度高达 30%，二者相差悬殊。

双方达成一致后，我就可以向三菱重工、川崎重工和中国的空气压缩机制造商招标，以最低的价格买进空气压缩机。

即使这些制造商说："我们的空气压缩机性能极高，能够为您降低 2% 的耗电量。"我也会反击："能不能再便宜一点？与其减少一位数的耗电量，不如减少两位数的价格。"如果制造商说："我们的空气压缩机很少出故障，可以大大降低停工检修带来的损失。"我照样会坚持："再便宜一点。在机器出故障之前，我们就已经在 IoT 上开始了远程监控和设备维护。对我们来说，机器价格才是最重要的。"就这样，我会想尽办法狠狠杀价。买完空气压缩机后，我会将所有空气压缩机接入 IoT，再让 AI 学习大数据，使其对机器进行最佳控制，这样就可以降低 60% 的耗电量。至于节省下来的钱，我们可以与客户各取 30%。

硬件企业都在呕心沥血地努力，但这些努力在软件企业面前却如此微不足道。

如果想通过改善硬件来提高空气压缩机的性能，即便付出五年的努力，最多也只能降低 2% 的耗电量。如果在 IoT 上进行数字化控制，再让 AI 学习大数据，使机器达到最佳工作状态，耗电量很快就可以降低 60%。

如果顾客想在墙上打一个孔，他们根本不会在意钻孔机是什么样的。而日本的企业正在殚精竭虑地研发和生产这个顾客根本不在乎的高性能钻孔机。这些日本的企业只会考虑："这个钻孔机还有没有可能开发出其他的用途？"这就是日本制造业典型的思维模式。

还是那句话，如果顾客想在墙上打一个孔，他们根本不会在意钻孔机是什么样的。不论是用钻孔机还是用药物腐蚀，只要能成功地打出一个孔，方法并不重要。顾客真正想要的是解决问题的方案，而不是硬件设备本身。

软件的世界是理论的世界，因此一定能够找到一种合理的解决方案。同时，软件的世界也是数字化的世界，分工合作变得更容易了。

世界上的软件工程师都在想尽办法提高软件性能。在世界各地热心的开发者的帮助下，Linux①取得了快速的发展，这是只有在软件领域才会出现的奇迹。而且，计算机之间的联动还有助于提高其工作性能。与人类不同的是，计算机可以一天24小时无休止地工作。

而硬件的世界则是物理的世界。因为不能立刻找到正确答案，所以必须要做实验，不实践就无法检验其正确性。不论是在F1比赛中，还是在科技发达的现代社会里，工程师们都在为设计出空气阻力最小的汽车而绞尽脑汁地彻夜做实验。

不论数字化手段多么先进，最后总要由人类制作各种器具并做实验。做实验时，世界上其他地方的热心人不可能同时都过来帮忙，而且人需要睡觉。所以，硬件世界的发展速度极其缓慢。

为什么会这样呢？

现在，传感器的价格和通信设备成本急剧下降，获取数据的成本变得越来越低。将获取的数据生成大数据，就可以迅速提高计算机的分析能力。传感器、通信设备和计算能力的成本迅速下降，导致硬件的相对价值不断降低。

以前，有一个名为"数据挖掘"（Data Mining）的概念曾经风行一时，它类似于现在的大数据。可是，这个概念不过是昙花一现。这是因为，那时的计算机处理能力还比较弱，如果想从大量数据中导出结论，就必须先由人提出设想。支撑这个设想十分不易，而且难以将其付诸实践。

---

① 芬兰的程序员林纳斯·托瓦兹（Linus Torvalds）于1991年开发的免费操作系统。该操作系统为网上公开资源，并已经在全世界普及。同时，参与该操作系统改良和功能拓展的志愿程序员遍布全世界，这也使得其性能不断提高。

而现在，处理大数据是不需要人来设想的。虽然需要事先筛选有用数据，但是利用计算机的强大计算能力让 AI 学习大数据就能得到最佳方案，而且 AI 还会不断对这些方案进行优化。

例如，将反映空气压缩机的声音、震动和故障情况的数据收集起来，并将其生成大数据，对其进行分析后就可以根据空气压缩机的声音和震动来判断出将会发生故障的地方。通过这种预测，我们就可以实现对设备的精准维护。在整个过程中，我们并不知道零件故障与机器声音和震动之间的因果关系，只要通过相关关系就可以判断出零件是否出了问题。

如果能把所有的数据收集起来让 AI 学习，AI 就会告诉我们最佳解决方案。这就如同蝴蝶效应。我们只需知道蝴蝶扇动翅膀会引起天气变化就足够了，即使不明白具体原因也不影响我们对结果的判断。这就是大数据的思维方式。

大数据和 AI 技术在所有领域都有用武之地，最重要的就是先人一步，取得关键数据。谷歌和 Facebook 已经将 AI 学习系统的源代码公开了。它们为什么要这样做呢？

这是因为，大数据比 AI 更有价值。谷歌和 Facebook 拥有着大量的数据。为了集思广益、进一步挖掘大数据的价值，这些企业公开了 AI 学习系统的源代码。一旦大数据的新用途得到开发，从中获利最多的就是拥有最多数据的谷歌和 Facebook。

◘ 所有的制造业都将变为服务业

通用电气公司 CEO 杰夫·伊梅尔特（Jeffrey Immelt）曾说："所有的制造企业只有一条路可以走，那就是转型为软件公司。"他给自己的公司和整个制造业敲响了警钟。也就是说，如果制造业不向服务业转型、不为顾客提供解决问题的方案，将无法生存下去。

制造商向服务业转型的关键就在于软件。我建议广大企业按以下步骤来思考解决方案：

（1）锁定想要解决的问题；

（2）尝试通过软件解决问题；

（3）如有必要，再使用硬件。

下面我用一个具体的例子来进行说明。

（1）伦敦市的垃圾清理成本能否降低？

（2）让 AI 学习大数据，优化工作流程。

（3）为了获取数据，至少要使用传感器。

像这样，以利用软件解决问题为目标，只有在必要时才考虑使用硬件。

（1）我希望自由自在地驾驶汽车，但总是遇到堵车或停车位不足的情况，如何才能摆脱这些烦恼呢？

（2）运用共享经济的服务模式。

（3）不必开发新的硬件，只需使用人手一台的智能手机和闲置私家车。

优步和 Lyft 等共享汽车软件就是在这样的思考过程中诞生的。首先，要充分利用现有的硬件，如果必须使用新硬件，就要将其数量控制在最少的水平。不制造新的硬件也有利于保护地球环境，这一点十分吸引伴随智能手机成长起来的千禧一代 ①。

---

① 国际上专门的代际术语，英文是 "Millennials"，其同义词是 "Y 一代"，是指出生于 20 世纪末，在跨入 21 世纪时达到成年年龄的一代人。——译者注

不论是福特、通用还是梅赛德斯 - 奔驰，都声称要从汽车制造商转型为出行服务公司，这些企业将不再把出售硬件产品作为主要业务和唯一的利润来源。

在 IoT、共享经济、无人驾驶技术和环境保护浪潮的冲击下，一百多年来，汽车制造商一直坚守的模式正在走向衰落。汽车制造商必须大胆地进行创新，并将其视为第二次创业，只有这样才能不断走向成功。

第 **4** 章

无人化与人类的
超人化

◘ 未来的就业

在英国牛津大学从事 AI 研究的迈克尔·奥斯本（Michael A. Osborne）博士在论文《未来的就业》中写道："我得出这样一个结论：在今后的 10~20 年内，全美国 47% 的工作岗位极有可能实现自动化。"

电话推销员、银行融资专员、房地产中介、会计、快递员……不仅仅是这些，奥斯本博士指出，现在人们所从事的工作中，大约有一半极有可能被机器取代。这是一个残酷的未来，但是这一天迟早会到来，谁也无法逃避。

AI 和机器人擅长的是常规化、规律化和机械化的工作。

我以前是会计，做过财务审计工作。我主要负责外资企业，其中大部分企业都在 12 月末进行结算，所以结算结束后的第二年 1 月份总是异常忙碌，到了周末也没时间休息。我需要参加审计盘点，一一核对过去的发票和账目，并在期末余额审计时向各处发信息确认余额。我常常一边核对发票，一边想一个问题："现代科技如此发达，为什么还需要人来做如此机械化的工作？""为什么非要等到年末才进行审计呢？""如果计算机能在会计系统中发现假账，不就方便很多吗？"我的想法马上就要变成现实了。会计工作必须严格按照一定的流程操作，而这正是 AI 所擅长的工作。今后，会计工作恐怕会被 AI 取代，这会使许多从事会计工作的人员失业。

不仅是会计，律师和税务师等专业性很强的职业都有着严格的规定，必须要取得相关资格证书才可以从业。而这些职业中的大部分都会被 AI 取代。

在大规模诉讼中，往往需要很多律师去调查过去的判例。现在，判例已经被数据化，只需几秒钟，AI 就可以准确地找出恰当的判例。那些只擅长调查案例的律师和律师助理 [①] 恐怕都会失业。

软件也是如此。由人类提供概念设计、由 AI 进行编程的时代即将到来。现在，AI 已经能够进行简单的编程。

呼叫中心的接线员也在朝着无人化的方向发展。现在，日本软银集团的呼叫中心就在使用 Siri[②] 接线，只有用户需要解决十分复杂的问题时才会提供人工服务。

最先实现无人化的可能会是飞机驾驶的工作。

这是因为，飞机驾驶和汽车驾驶不同，外部干扰较少。驾驶汽车时可能会遇到行人突然出现或前面的车掉落物品等情况，这种来自外部的干扰难以预测。但是，在空中飞行时这种外部干扰极少出现。飞机其实很容易实现无人驾驶，如无人轰炸机。

现在很多国家的火车和路线固定的公交车都已经实现了无人驾驶，飞机驾驶的无人化也指日可待。

◻ 具有革命性的通用型机器人

机器人制造商 Rethink Robotics 公司制造了一款具有革命性的机器人 Baxter。这种机器人不需要人们事先在控制器中输入控制程序，只需要熟练工手把手地教授其生产步骤即可，AI 可以一遍就记住所有操作，如同听话懂事的学生一般。这种技术被称为"交互式直接学习"（Interactive Direct

---

① 在律师的指导、监督下辅助律师完成工作的人，主要工作是制作和调查资料等。

② 苹果公司的移动设备操作系统 iOS 中的智能语音助手，支持英语、德语、法语、日语等语言。

Teaching）。Baxter 机器人就是靠这个技术入选了"全球十大突破性技术"[①]。

Baxter 机器人的价格仅为 25 000 美元。假设机器人毫无怨言地一天 24 小时全年无休地工作，那么把购买价格换算为工资后，一小时只需 300 日元。

今后，以同样的理念制造出来的低价机器人将会不断出现，进一步促进工厂向无人化的方向发展。制造业无国界，为了在国际竞争中拔得头筹，各大企业都会争先恐后地实现工厂无人化，以促进生产效率的提高。

2016 年，德国运动产品制造商阿迪达斯宣布将逐步实现鞋类产品制造工厂的无人化。随着机器人技术的发展，服装等需要精细加工的产品也能逐渐用机器人来生产了。

有这样一种激进的观点，到了 2040 年全世界的工厂都将实现无人化。不管这种观点激进不激进，无人化只是时间问题，这一天迟早会到来。

在未来，机器人将和人类共存，机器人在各个领域得到广泛应用。

机器人还可以在饭店里工作。它们能颠勺炒菜，盛饭摆盘，并把菜送到顾客的桌子上。之前有一种机器人，它可以按照顶级厨师制作的食谱来做菜，但是价格非常高昂。如果使用 Baxter 机器人，把购买价格换算成工资，一小时只需 300 日元，小饭馆也能轻松雇得起机器人。

未来，从真正的人类那里购买产品或服务恐怕会成为一件非常奢侈的事情。

---

① Baxter 机器人被 2013 年出版的《麻省理工科技评论》（MIT Technology Review）评为全球十大突破性技术之一。其他九种技术分别是深度学习、临时社交媒体、育前 DNA 测序、基于 3D 打印的制造业、记忆移植、智能手表、低价手机大数据、超级电网和超高效太阳能。

◨ AI 个人管家——Amazon Echo 智能音箱

最后要介绍的是已经进入千万家庭的 AI 个人管家——Amazon Echo 智能音箱。Amazon Echo 自 2015 年 6 月在美国亮相以来，一直备受欢迎，其销量已经占据全美音箱销量的 30%。Amazon Echo 是一个高度为几十厘米的黑色圆筒，上面配有音箱与可以 360 度收音的高性能话筒。

Amazon Echo 中配备了名为"Alexa"的 AI，根据默认设定，只要叫一声"Alexa"，Amazon Echo 就会自动启动。如果对它说"Alexa，播放摇滚乐"，它就会播放用户最喜欢听的摇滚乐。

用户还可以把 Amazon Echo 放在床边作为闹钟使用。如果用户问"Alexa，现在几点了"或"Alexa，今天星期几"，Alexa 就会回答。不仅如此，如果用户继续问"Alexa，今天有什么新闻"，Alexa 就会选出用户经常关注的新闻并朗读出来。如果用户说"Alexa，写备忘录"，Alexa 就会将备忘录添加到手机上。"鸡蛋、牛奶、卷心菜……"用户只需说出来，手机上的备忘录就能自动完成。如果用户住在亚马逊生鲜超市的配送范围内，还能享受自动送货上门的服务。

"Alexa，一大匙是几小匙？""Alexa，珠穆朗玛峰高多少米？"上至天文下至地理，智能音箱什么问题都能回答。

有一个小朋友问"能不能讲个有趣的笑话"，Alexa 就会讲一个令人捧腹的笑话。对 Alexa 说"Alexa，我想吃比萨"，很快比萨就会送上门来。如果说"Alexa，叫一辆优步车"，优步车就会自动开过来。

Alexa 能像管家一样满足家庭成员的任何要求。Alexa 是帮手，也是秘书，更是朋友。

在不久的将来，如果问"Alexa，下周末是妈妈的生日，该选什么样的礼物呢"，Alexa 将会给出最符合要求的回答。因为到那时 Alexa 不仅比爸爸还了解妈妈，而且比妈妈都了解她自己的喜好。在接入 IoT 并进行学习后，Alexa 就能逐渐了解家庭成员的喜好，回答问题和提供方案的准确性每天都会提高。

我们每天都用手机搜索信息，用手机购物，使用手机地图，使用手机定位服务。手机比我们自己还要了解自己的喜好。

亚马逊现在已经把"无限缩短配送时间"设为目标。通过让 AI 学习某位顾客（称其为顾客 A）的搜索记录和购买记录的大数据，AI 就能准确判断出顾客 A 会在什么时候购买什么东西。例如，如果 AI 判断顾客 A 会在某月某日某时下单买桶装饮用水，装载着桶装饮用水的派送车就会在那个时候接近顾客 A 的家。不出所料，顾客 A 在那个时候下单买桶装饮用水，这样几分钟后桶装饮用水就被送到门口了。

2016 年 1 月，亚马逊和福特汽车宣布双方开展合作。从此，福特汽车中也配备了智能音箱 Alexa。

用户坐上车后对 Alexa 说 "Alexa，帮我查一下到三越百货 ① 银座店的路线"，汽车导航系统就会自动进行全程导航。用户一边听着自己喜欢的音乐，一边开车，在途中忽然想起一件事，便对 Alexa 说 "帮我下单，把洗衣粉和桶装饮用水送到家里"，Alexa 就会帮助用户完成这些操作。

然而，将 Amazon Echo 置入家庭就意味着全家人的所有需求都毫无保留地暴露在 Alexa 面前，生活隐私一览无余。这样真的好吗？

美国人觉得没问题，因为他们认为，现在大部分电商都集中在亚马逊平台上，只要成为亚马逊的高级会员就可以享受免费送货服务，音乐和视频也

---

① 三越百货（TYO）是一家日本百货公司，创办于 1673 年，总部设在东京。——译者注

可以免费获取。这些服务全部都可以在亚马逊上获取，十分便利。

亚马逊宣称要成为世界上最能满足顾客需求的企业。为了让商品种类更加齐全、配送时间更短，亚马逊接连在美国各地建造巨大的物流仓库。有评论家批评"电商企业建造实体仓库简直是无稽之谈"，却被亚马逊完全无视。因此，亚马逊上市后连续七年亏损。

亚马逊将新书和二手书放在同一个页面中，让顾客自由选择。有人批评说，这样新书不就卖不出去了吗？亚马逊 CEO 杰夫·贝佐斯对此断然否定："要照顾想买二手书的顾客！"这样的做法反而向顾客完美地传达了亚马逊的态度：我们更加看重顾客的满意度，而不在乎眼前的盈头小利。

如果 Amazon Echo 进入日本市场，乐天 ① 就会遭遇危机。没有自主物流基础设施的乐天不能像亚马逊那样为顾客提供便利的服务。此处，网上生鲜食品超市恐怕也会受到重创。

Alexa 并不是电商的用户界面，而是能够很好地理解用户、让用户放心的个人管家和好伴侣。由于 Alexa 每天都会学习，所以越频繁使用它，它就越能适应用户，用户越会对它产生依赖感。

不久之后，用户想要购买日常用品时只要说一声"Alexa，交给你了"即可。在恰当的时间，想要买的东西会自动送上门来，你可能会逐渐忘记"购物"这个词。那时的 Alexa 可能会从个人管家升级为我们的人生伴侣。

◘ 无人化与人类的超人化

AI 和机器人的应用促进了各个生产领域的无人化并推动着人类走向超

---

① 乐天（Rakuten）是三木谷浩史于 1997 年 2 月 7 日创办的一家提供互联网服务的公司，是日本最大的电商企业之一。——译者注

人化。

只要熟练工人手把手地教授机器人生产步骤，机器人就能一边学习，一边提高技术水平。这种既便宜又能够在各个领域得到广泛应用的机器人促使工厂生产朝着无人化的方向迅速发展。

富士康的 iPhone 组装工厂正在默默地使用机器人制造产品。

德国的大型物流公司德国邮政集团开发了一款名为 "Parcelcopter" 的快递无人机，用这种无人机来提供向北海的孤岛运送药品和应急医疗用品的服务。

2016 年，在非洲的卢旺达，无人机专用机场 Droneport 开始建设。预计到 2020 年，卢旺达将会建成三个机场。最终，卢旺达将在国内建设 44 个无人机专用机场。机场全部建设完成后，卢旺达就能以极低的成本向道路不通的偏远地区运输物资。这种专用无人机的最大载重量为 100 千克。可见，"要想富，先修路" 这句话也已经过时了。

在瑞士旅游胜地锡永，小型无人驾驶电动公交车 ARMA 通过无线充电实现了无休工作。

在日本长崎豪斯登堡①的 "奇怪旅馆"②，从门童、前台服务员、存放处的管理员到行李员，全部都是机器人。进入房间后，机器人管家会为顾客提供服务，还可以轻松回应 "开灯" "打开电视机" "现在几点了" "早晨几点钟叫醒我" 等简单的要求或问题。

---

① 豪斯登堡（Huis Ten Bosch）位于日本长崎大村湾中，占地 152 公顷，是亚洲最大的休闲度假主题公园之一。——译者注

② 日本著名的旅游集团 H.I.S 集团于 2015 年 7 月 17 日在长崎县佐世保市豪斯登堡内开设的一家旅馆。该旅馆以降低劳务成本为目标，馆内所有接待人员都是机器人。该旅馆还获得了 "首家由机器人提供服务的旅馆" 的吉尼斯认证。——译者注

所有的产业都在为了实现无人化而充分利用 AI 和机器人技术。同时，随着 AI 和机器人不断走进人们的生活，人们也可以借助它们的力量突破自己能力的极限，这种例子也在不断增多。

只要人们穿上可穿戴式机器人 Assist Suite，就可以轻松进行重物装卸等作业，使重体力劳动的负担大幅减轻，老年人和女性也能在劳动中尽一份力。Assisit Suite 已经在农业、交通运输业、建筑材料搬运、老人看护等众多领域得到了广泛应用。从某种意义上来说，人类已经实现了超人化。

在医疗行业和工厂维修作业中，工作人员佩戴增强现实头戴式显示设备后，就可以接收各种各样的数据和操作指示，就算是新手也能像熟练工一样开展工作。

建筑工地上有些测量工作如果只由人来做，需要很多人花费一周的时间才能完成。如果利用无人机来测量，只需几个小时即可完成。

在检查桥梁时，人们需要敲击桥的横梁和桥柱，通过声音来判断桥梁是否出现了异常。在这个过程中，无人机也能大显身手。如果这个作业由人来完成，需要花好几周的时间来安装大量脚手架，而专用无人机则可以吸附在桥柱上向上攀登，或者吊在桥的大梁下。这种无人机被开发出来后，人就不必亲自上阵。

自桥本龙太郎[①]担任首相后，日本就开始实施公共投资削减政策，建筑工人从 1997 年的峰值 685 万人减少了 27%，到 2015 年只剩下 500 万人。现在，由于日本东北六县振兴、2020 年东京奥运会建筑、老化基础设施维修等新兴工程亟待完成，日本对建筑、土木和测量技术人员的新增求人倍率达到了前所未有的 5 倍。

---

① 桥本龙太郎（1937 年 7 月 29 日—2006 年 7 月 1 日）是日本政治家，曾于 1996 年至 1998 年出任日本首相。——译者注

只要充分利用 AI 和机器人，无人化和人类的超人化就可以实现。这是日本的一张王牌，它可以解决因少子化、老龄化而带来的劳动力不足问题和"婴儿潮一代"退休引起的技术传承问题。

◘ 未来就业的两极分化

未来，如果 AI 和机器人夺走了人们的就业机会，那么人们又该从事哪些工作呢？

英国牛津大学的奥斯本博士推测，在今后的 10~20 年内，全美国 47% 的工作岗位极有可能被机器取代。另外，美国杜克大学的戴维森教授还预言，几十年后我们的后代中将有 65% 的人都在从事之前根本不存在的工作。

现在，我们很难想象在未来会出现什么样的工作。1996 年，既没有网页设计师和电子商务顾问，也没有美甲师和女仆咖啡店里的女仆，当然也没有企业教练和莱札谱 ① 的私人健身教练等专业性很强的职业。不过，有一点可以肯定，那就是 AI 和机器人从事的将是常规化、规律化和机械化的工作。

AI 擅长的领域是理论和分析，还有学习以往的数据和统计结果。但是，它并不擅长分析矛盾复杂的人心或者创造未知的事物（在遥远的未来不知会如何）。AI 的特点决定了留给人的工作将是 AI 和机器人难以完成的任务，就是那些充满人性化和需要极高创造力的工作。

一言以蔽之，人们在未来从事的将是注重沟通和富有创造性的工作，这些工作只能由人来完成。

---

① RIZAP（莱札谱）是日本健康集团有限公司（Kenkou Corporation, Inc.）旗下的品牌，以塑身、减肥、美体为主要业务。该公司于 2012 年在日本东京设立第一家健康馆，一年之内便在日本设立了 11 家健康馆，会员数达到 3000 人以上，很快发展为日本首屈一指的私人健康馆。——译者注

例如，健身房的私人健身教练和幼儿园老师在工作中需要理解对方的心情并给予对方激励和引导。高级零售店的礼宾员和高级饭店的服务员则需要充满热情，通过心与心的交流丰富顾客的感受。还有心理医生、美容沙龙的美容师、美发沙龙的发型师和美甲沙龙的美甲师，他们的工作是使人们放松心情，恢复精力。这些工作都需要人与人心意相通，都是必须由人类才能完成的工作。未来留给人类的工作将是人们希望能够由自己来完成的工作。

另外，还有一种工作也会留给人类，那就是"高概念"（High Concept）的工作，如创造新事物的发明家和艺术家，擅长解决企业复杂问题的经营者，用高超演技震撼人心的表演艺术家以及开拓人类未知领域的尖端科学家等。

对于那些需要发挥创造力和灵感的工作，AI 和机器人仍然束手无策。而处于这个两极端之外的常规化且机械化的工作必将被 AI 和机器人取代。

今后，对人类来说，如何培养沟通能力和创造能力将变得越来越重要。

第 **5** 章

需求的多样化
与个性化

◘ 多元化的价值观和生活方式

互联网的普及消除了信息鸿沟。只要接入互联网，任何人都能获取来自世界各地的信息。

由于人们可以便利地获取各种各样的信息、接触到各种各样的价值观，人们的价值观也渐渐变得多元化。智能手机的普及和 SNS（社交网络服务）的发展进一步加速了这一进程。

过去，我们将热爱铁路的人称为"铁道迷"。现在，通过在博客中展示自己的兴趣，这些铁道迷可以与全世界的人交流和共享信息。博客把有着相同兴趣的人连接在一起，他们互相交流、互相鼓励。渐渐地，他们之中又逐渐分化出"乘车迷""铁路摄影迷"和"铁路录音迷"等群体。

一位明星主妇把自己的生活记录在了博客上。其他主妇阅读之后，纷纷模仿她的消费方式。这种现象可能会引发某款护手霜的热卖。这就是所谓的"魅力消费"。

AKB48 也不再只有 48 人。虽然站在金字塔顶端的偶像只有几十人，但还有成千上万个没有上过电视的人以她们为目标不懈地努力着，并组成了偶像后备军。这些人都有属于自己的社交网络和粉丝。每个人都可以通过网络直接在 Youtube① 上给自己的粉丝发送信息。在 Youtube 上，每个人都能轻松

---

① Youtube 是免费的视频分享网站，于 2005 年在美国加利福尼亚州成立，2006 年被谷歌收购。2007 年开始提供日语版服务。

地成为偶像，只要不断努力就能获得一定数量的粉丝。偶像有多少，其周边产品就会有多少。

网络上提供信息的人越多，人们的价值观和生活方式就越多元化。

有些价值观和生活方式看起来很小众，可能 1 亿人中只有 100 人拥有同样的兴趣或思维方式，但只要将全世界 40 亿网民连接起来，持有某种小众价值观的人数也可能达到数万人，这已经不是少数。可见，在互联网中并不存在"少数人"。

2000 年后迎来 20 岁的千禧一代很早就开始接触互联网上多种多样的价值观，因此他们对价值观的多元化抱有宽容的态度。

当今世界，有关价值观、生活方式、兴趣和思维方式的禁忌将会越来越少，世界将会向着更加多元化的方向不断发展。

◻ 长尾效应 ① 与个性化

在市场营销领域，人们对"二八定律"深信不疑，即销量最好的前 20% 的商品的销售额往往占总销售额的 80%。

---

① 长尾效应，英文名称为"Long Tail Effect"。"头"（Head）和"尾"（Tail）是两个统计学名词，正态曲线中间的突起部分叫"头"，两边相对平缓的部分叫"尾"。从人们需求的角度来看，大多数需求会集中在头部，这部分可以称之为"流行"，而分布在尾部的需求则是个性化的、零散的且少量的。这部分差异化的、少量的需求会在需求曲线上形成一条长长的"尾巴"。所谓长尾效应是指这些需求的总数量，即将所有非流行的市场累加起来就会形成一个比流行市场还大的市场。——译者注

销售额占比（%）

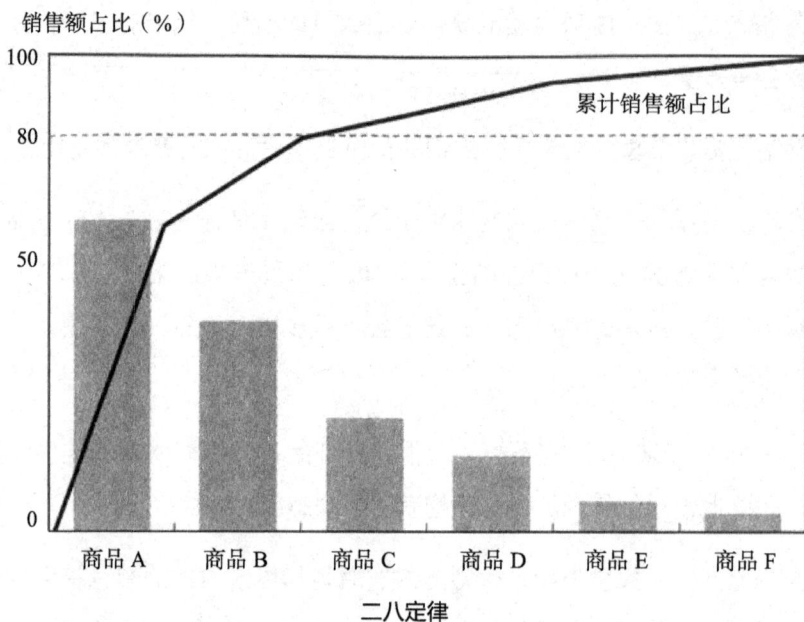

二八定律

　　然而，现在是互联网、智能手机、SNS 普及的时代，人们的价值观、生活方式、兴趣和思维方式正朝着多元化的方向发展，市场里已经不会再出现轰动性的商品，人们对个性化产品的需求将不断增多。

　　长尾效应可以解释为什么以电视为代表的大众传媒日渐式微，因为现在"大众"已经不存在了，大众传媒自然难以生存。

　　电视台向所有人提供同样的节目。有些人想看电视剧，电视上却开始播放综艺节目；有些人想看搞笑类节目，电视上却只有新闻……

　　智能手机是个人专享的私人空间。如果想看搞笑类节目，只要打开Youtube 网站，它就会不断地为观众推荐搞笑视频，观看一整天也不会厌烦。这种个性化的视频服务使用起来十分便利，而电视已经失去了人们的青睐。

　　不论在哪个行业，只有那些可以满足顾客多样化需求、可以为顾客提供个性化体验的企业才能生存下来。

美国摩托车制造商哈雷公司已经开始利用 3D 打印技术为不同的顾客生产个性化的定制摩托车。阿迪达斯也在使用 3D 打印机，在店内打印出符合每一位顾客脚型的个性化鞋类产品。

零售业也是如此。亚马逊十分重视长尾效应和产品的个性化，因此小众商品的种类非常齐全，其中也包括 AI 推荐的商品，顾客只要用鼠标点击几下就可以购买，非常方便。再加上亚马逊送货时间短等优点，顾客会情不自禁地被吸引过去。渐渐地，人们就会在亚马逊上购买日常生活中的大部分商品。

视频网站奈飞（Netflix）[①]也紧跟长尾效应与个性化的潮流，迅速扩大了自身规模。现在，奈飞在美国被称为"有线电视终结者"，占据了全美国大约一半的宽带流量。

在奈飞上观看电影或电视剧时，AI 会分析观众的兴趣和思维方式，不断为观众推荐其有可能感兴趣的内容。如果有人喜欢言情喜剧，AI 就会为其推荐类似的内容。不久之后，奈飞就会成为一个既方便又充满个性化定制的个人专属电视台，让人爱不释手。

关键词是"长尾效应"和"个性化"。要想实现这两点，就要充分利用开放平台和 AI。单凭一家公司的力量很难保证长尾产品种类齐全。关键是要建立一个可以有效集合各家公司力量的开放平台，利用 AI 不断增强产品的个性化。

亚马逊的商品之所以种类齐全，是因为它集合了众多小型零售商的库存

---

① 奈飞是美国的一家视频服务网站，总部位于加利福尼亚州。该公司成立于 1997 年，成立初期的业务主要是 DVD 邮寄租赁服务。2007 年开始发布电影和电视流媒体节目。截至 2016 年，奈飞已经在 190 多个国家和地区开展业务。用户不仅能在计算机、智能手机、平板电脑和智能电视上观看奈飞提供的视频，还能在索尼 PS、Xbox、Wii 等游戏终端上享受其提供的视频服务。

数据。有"Prime"标记的商品不仅送货时间短，而且免运费。如果有人认为亚马逊在用自己的资金确保所有商品保持合理的库存，那就大错特错了。其实，亚马逊只是把自己的仓库借给个体零售商保管在库商品，并代替零售商送货。只要是亚马逊送货的商品，就会有"Prime"标记。

奈飞和视频发布者签订合同后，就能在网站上提供大量视频，再根据播放率向视频发布者支付一定的报酬。在视频发布者的协助之下，奈飞成功地利用长尾效应增强了产品和服务的个性化，满足了不同用户的需求。

第 6 章

从物质需求
到自我实现

◻ 奇怪的动机：从物质消费到精神消费

我们首先来看下面四个问题。

第一个问题：**在日本，现在还有很多人每天都在从事重体力劳动，累计时间可达几百万个小时。请问这是什么劳动？**

答案是健身。为了获得理想的体型，人们不惜投入重金不停地锻炼身体。若是在连饭都吃不饱的非洲农村健身，恐怕要被妈妈斥责："不要白白浪费体力了，快去打水来！"

第二个问题：**868 万位艺术家（都是日本人）正在向全世界不断发布作品。请问这些都是什么样的作品？**

答案是博客。日本的博客作者人数已达到 868 万人（数据来自 2009 年日本总务省调查）。

第三个问题：**3300 万位艺术家把作品发表到了大街上。请问这些都是什么样的作品？**

答案是园艺。日本园艺师人数达到 3300 万人（数据来自于日本总务省统计局《社会生活基本调查》）。

第四个问题：**它是世界上最大的百科全书，由约 290 种语言写成，包含超过 3800 万个词条，并且由多名编者编写，但人数不详。编者无报酬、无署名权。请问这是哪本百科全书？**

答案是维基百科。维基百科是由无数志愿者编写而成的，直至今日内容仍在不断充实。

免费操作系统 Linux 是由数千名志愿程序员在没有报酬的情况下开发出来的，现在仍在不断完善升级。

发达国家的人们有着巨大的动力去贡献、挑战和创造，这种现象在几十年前从未出现过。

按照马斯洛需求层次理论，发达国家的人们已经登上了需求的最高层，他们正在追求自我实现。

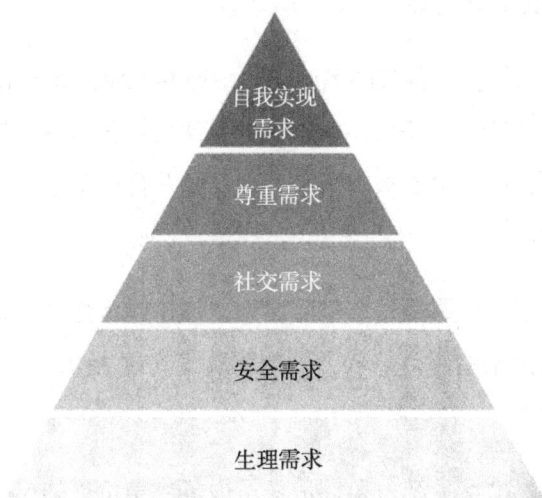

马斯洛需求层次理论模型

某一层需求得到满足后，人们就会想去满足更高一层次的需求。生理和安全需求得到满足后，人们就会以拥有良好的人际关系和自我实现为目标，进行精神消费。

想和朋友拥有亲密关系，所以和他们一起玩乐、一起喝茶、一起去旅行等，这些都是为了建立良好人际关系而进行的精神消费。

不仅如此，人们还会产生创造欲，想要满足自己的好奇心和探索欲，想通过挑战自己的极限获得进步。这些都是人们为了追求理想中的自我而产生的自我实现的需求。

不论是加入健身房的会员还是在园艺上进行投资，都是为了实现自我的精神消费。

老年人选择和同伴旅行、终身学习，中年人选择跑马拉松或登山，年轻人选择把钱花在和伙伴们一起吃烧烤、看演唱会、庆祝节日上。

智能手机与 SNS 的普及也促进了精神消费。烧烤、演唱会、节日庆典之类的照片很适合发布到 SNS 上。

如果看到有人为自己购买的名牌产品拍照并把照片发到 SNS 上，人们就会认为这个人"爱炫耀""没品位"；如果有人发布演唱会、节日庆祝等精神消费的内容，人们就会觉得他有很多朋友，是一位生活很充实的人，并对他崇拜有加。

在现代消费中，拍照是一个重要因素。不论是饭店的菜单，还是咖啡馆的甜点，只要拍出来的照片好看，就能将其发布在 SNS 上。"点赞"和"转发"是最好的广告。

现代工业的大批量生产为人们带来了很多物美价廉的产品，人们在日常生活中需要使用的家电和其他产品一件也不缺。以前，购买私家车是人们最大的梦想，而现在情况早已改变。

在产品卖不出去时，广告代理商就会想尽办法开展宣传活动。他们为了刺激顾客的购买欲，不惜在广告中夸大产品的实际价值。顾客在购买欲的驱使下购买产品后，发现产品根本不像广告中宣传的那样好，难免大失所望。在反复经历这一过程后，消费者渐渐对任何广告都不会动心了，他们会认为"即使买了也会失望""买东西的喜悦只有一瞬间，不可能长久"。

现在的日本人已经成了"没有消费欲求的一代"。

◘ 日本年轻人不买汽车

日本年轻人不买汽车的现象由来已久。

为什么现在的年轻人不买汽车了？为了回答这个问题，我们必须要考虑为什么以前的年轻人要买汽车。首先，让我们来回顾一下日本的泡沫经济时代。

还记得原田知世和三上博史主演的电影《带我去滑雪》吗？它凭借时尚的恋爱剧情和松任谷由实演唱的主题曲紧紧抓住了女性观众的心，在全日本引起了轰动。女性们开始向往在滑雪场约会。男性们不仅买了汽车，还不断提高自己的滑雪技能，每个季度都会更换滑雪板和滑雪服。

在日本泡沫经济的高峰时期，滑雪人数曾高达 1860 万人，而现在只有 500 万人，大约是那时的四分之一。

为什么以前的年轻人要买汽车？答案是"为了受到女性的欢迎"，就是这么简单。不论哪个时代，年轻男性的消费行为都是如此单纯可爱。

1990 年，日本泡沫经济迎来高峰，私家车红极一时。在六本木①，宝马 3 系汽车如同丰田卡罗拉一样常见，约会轿车中最受欢迎的是丰田的 Soarer 和本田的 Prelude 跑车。汽车渐渐成为男性的另一张名片，成了身份的象征。

在向别人介绍朋友的时候，如果说"他开奔驰，戴劳力士手表"，那么仅从这一句话便可看出这个人很可靠；如果说"他开阿尔法·罗密欧，戴百年灵手表"，就可以看出这个人的时尚品位。

---

① 位于日本东京都港区的街区，是各国驻日大使馆的主要聚集地，以外国人多和夜生活丰富而闻名。——译者注

那时，如果男性没有自己的汽车，就无法邀请女性约会。而且，男性拥有的汽车越高级，就越受女性欢迎。

现在又是什么情况呢？没有汽车就不能约会吗？

现在，情侣们只要乘坐几站电车，就能来到有影城的购物中心，在那里玩乐一整天。此外，还有网络咖啡厅和 KTV 等。大街上到处都是能为情侣提供私人空间的设施。以前，可以为情侣提供私人空间的只有私家车，但现在它已经失去了这种价值。

有人说，私家车难道不是一种自由出行的象征，代表着成年人的实力吗？

对现在的年轻人来说，手机才是自由的象征和实力的源泉。年轻人通过手机获取能量。他们通过手机与世界联系在一起，在手机里自由自在地"环游世界"。

人们已经不需要私家车来表现自己或证明自己的身份。

年轻人喜欢通过 SNS 来表现自己。他们在 SNS 上发布"我正在和朋友们在河边吃烧烤"等动态，搭配伙伴们的笑容和烤肉的照片，向人们展示他们生活充实的一面。

让年轻人引以为豪的不再是物质消费，而是精神消费。现在，能够证明自己身份的事情变成了"和什么样的人在什么样的地方做什么样的事"。如果有人在 SNS 上发布"看，我新买了一辆宝马汽车"并配上自己新车的照片，大概只会被人 diss① 为"没品位"。

以前，年轻男士们在酒吧里的话题只有汽车和女性。现在，年轻男士们若是在酒馆中相遇，还是会以女性为话题，但不再提及汽车。汽车在以前之

---

① 蔑视、看不起的意思，来自嘻哈文化。英语"respect"的否定形式"disrespect"的简写。

所以具有高价值，是因为大家都对汽车感兴趣，而且最重要的一点是，有了汽车就能受到女士的欢迎。

现在，买车反而会引起女性的反感。她们会觉得"花大价钱买汽车，却只有在周末才会开，保养费也不少，真让人头疼""有共享汽车就足够了"。

一些日本年轻人从懂事起到长大成人的大部分时间都是在"失去的二十年"①中度过的。他们储备生活应急资金的意识很强，最喜欢做的事就是存钱。

以前，日本女性的择偶条件是"三高"高个子、高学历和高收入。时过境迁，现在女性的择偶条件变成了"三低"——低花费、低束缚和低姿态。

具体来说，就是既不买汽车，也不参加高消费活动；既不喝酒也不抽烟，兴趣最好是跑马拉松；洗衣服、做饭都由自己来做；尊重女方，谦逊低调，待人谦和。这些才是当代日本女性的择偶条件。

少子化、老龄化、养老金危机等问题迫在眉睫，日本女性已经不再关注那些人生经历跌宕起伏、招摇又爱冒险的男性。她们开始本能地去选择那些虽然不起眼但踏踏实实、安分守己的"低风险"男性。

去年，我在上海就年轻人对汽车的看法进行了调查，我问中国的年轻人"为什么大家想买汽车"。在综合了各种各样的回答后，用一句话就能解释："因为能够受到女性的欢迎。"

这样看来，全世界年轻男性的行为标准都是一样的，那就是"为了能够受到女性的欢迎应该做些什么"。

年轻男性就是这么单纯！

---

① 指 20 世纪 90 年代初日本经济泡沫破裂后长达 20 年的经济停滞现象，或泛指这一时期。

据调查，在中国，女性的择偶条件也有三个，分别是高个子、高收入和高颜值。

如果未来某个时候中国的经济增长放缓，会出现什么样的状况呢？那时中国女性的择偶条件会不会也变为"三低"呢？如果即便买了汽车也不会受到女性的欢迎，中国的年轻人会不会也不再购买汽车了呢？

这是一个十分有趣的问题，答案总有一天会揭晓。

◘ 全世界的环保意识都在增强

2015 年，在法国巴黎气候变化大会 COP21① 上，为了抑制气候变暖，各国就减少二氧化碳排放量的目标达成一致。只要减少使用化石燃料，就能减少温室气体二氧化碳的排放量，到了 2050 年就可以将地球温度的上升幅度控制在 2℃ 以内。

公约规定，世界各国将对化石燃料的使用作出严格限制。通过高效利用能源、使用天然能源来减少二氧化碳排放量，稳步推进并实现"低碳社会"是我们的使命。

日本因受到气候变暖影响，台风、飓风、暴雨等自然灾害频发。美国也受到局部地区暴雨影响，多次发生洪水灾害。气候变暖导致海平面上升，荷兰阿姆斯特丹、意大利威尼斯等低海拔地区面临着被淹没的威胁。

2016 年夏天，我去北欧旅游。在短短两周时间里，每天不是下雨就是阴天，常常突降雷阵雨。当地市民叹息道："受气候变暖影响，我们翘首以盼的短暂夏天就这样被糟蹋了。"漫长的冬季过后，北欧民众总是对短暂的夏

---

① 指 2015 年 11 月 30 日起在法国巴黎召开的联合国气候变化框架公约第二十一次缔约方会议。此次会议达成了应对气候变暖的国际框架公约《巴黎协定》。

天充满期待。而现在，这份期待正在被消磨殆尽。

空气污染问题也不容小觑。在法国巴黎，汽车尾气造成的大气污染十分严重，巴黎市政府在无奈之下只好开始限制市内汽车总数。挪威则采取了更极端的手段，从 2019 年开始将禁止私家车进入首都奥斯陆市中心。有轨电车① 和自行车将成为这些城市的主要交通工具。

在哥本哈根的早高峰时段，许多人都骑着自行车去上班，让人感觉仿佛置身于过去的北京。

为了减少二氧化碳排放量、治理空气污染、缓解交通拥堵，世界上的各大城市都在完善有轨电车等公共交通设施。为了鼓励骑自行车出行，各个城市还修缮了自行车专用道路，并大力发展自行车租赁服务业。

荷兰已经拟定法案，到 2025 年时将禁止销售非电动汽车。同时，环保意识的高涨还有利于共享汽车和顺风车等服务的普及。

瑞典的汉堡包商店 Max 在全部菜单上都标注了制作每个汉堡时排放的二氧化碳量。其中，牛肉汉堡包对环境最不友好，因为牛在一边反刍一边消化食物的过程中会排放出大量的温室气体。这家商店的菜单推荐人们购买对环境最友好的鱼肉汉堡。

瑞典已经禁止建造绿色建筑，因为建造的过程对环境破坏极大。最好的做法是在现有的建筑中置入环保设备，将普通建筑升级为绿色建筑。

在德国，销售散装称重商品的超市生意火爆。日本人对此应该备感亲切。是的，这就是过去人们在鱼干店、豆腐店里经常见到的情景。

以前，日本人把和服翻新一下，可供好几代人穿。人们把破了的榻榻米

---

① 也叫路面电车。近年来由于民众环保意识的增强，有轨电车在欧美地区重获重视。

重新糊上，把被子里的棉花弹一弹，还能继续使用很久。木制衣橱用刨子刨光后就像新品一样，可以供好几代人使用。

可持续发展的环保意识其实就是过去的节约文化。现在，日本的节约文化正在以共享经济和可持续发展等形式在全世界得到普及。

成熟社会的特征就是人们不再以私利为重。他们想为保护地球环境作出贡献，想留给子孙后代一个美丽的地球。我们在消费活动中的每一个选择都可能改变地球环境，给全世界带来重大影响。人类已经遭遇了太多的异常气候，环境问题是一个亟待解决的问题。

在今后的商业活动中，环保因素的重要性将会日益凸显出来。

第 二 部 分

第四次工业革命和日本的创新方向

第 **7** 章

IoT、AI 和共享经济
改变了全世界的
商业模式

◘ 我们都身处第四次工业革命的浪潮之中

现在世界上正在发生着什么？下面简单介绍几个具有代表性的变化。

人、物、钱、出行、空间等社会闲置资产的成本正在无限接近于零，同时 P2P 共享经济的规模正在不断扩大。AI 和机器人逐渐取代了人工服务，扩大了无人化的范围。IoT 优化了所有的操作过程。

这些变化都指向同一个方向：用最少的资源（零浪费）和最短的时间（零间隔时间）满足多样化、个性化的需求。换句话说就是，在保护地球环境的同时也要提高全人类的幸福指数。要想实现这个目标，就必须依靠巨大的数据库和强大的计算能力，充分利用 AI、IoT、机器人和 3D 打印等新兴技术。

随着半导体技术的发展，全球信息数据量和计算能力呈现出指数级的增长。根据摩尔定律①，预计全球信息数据量和计算能力今后还会继续保持增长势头。

---

① 由英特尔（Intel）公司创始人戈登·摩尔于 1965 年根据经验总结出的定律。其内容为：在价格不变的前提下，半导体集成电路上可容纳的元器件数目每隔 18~24 个月便会增加到原先的 2 倍，性能也将提升到原先的 2 倍。这一定律成了预测半导体技术进步速度的指标。

信息数据量增加	处理能力提高
由于传感器和社交媒体源源不断地产生信息，全球信息数据量每隔两年就会翻一番。	硬件的性能按照摩尔定律呈指数式增长，硬件能在短时间内完成数据分析。

＜全球信息数据量＞

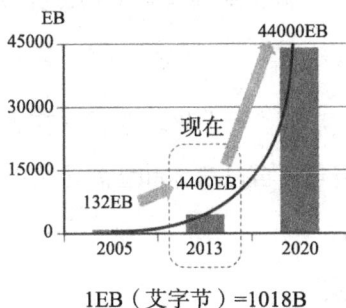

EB

45000
30000
15000

44000EB

现在

132EB 4400EB

2005　2013　2020

1EB（艾字节）＝1018B

＜最先进超级计算机的计算速度＞

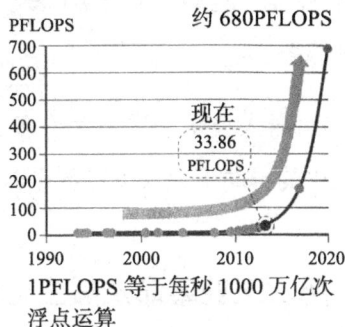

PFLOPS 约680PFLOPS

700
600
500
400
300
200
100

现在

33.86
PFLOPS

1990　2000　2010　2020

1PFLOPS 等于每秒1000万亿次
浮点运算

全球信息数据量和计算能力（处理能力）

IoT 的建立使传感器遍布全世界。AI 学习这些传感器收集来的数据之后，就能被广泛应用于各个领域并提高自身的预测能力，从而提升效率、减少浪费。

AI 这一通用技术引发了第四次工业革命，我们现在正身处这个浪潮之中。

◘ AI 成为通用技术

随着 AI 的预测能力不断提高，许多从事制造的企业将不再大批量生产相同的产品或提供相同的服务。相反，它们将实现"大量客制化"[①]，开始生产个性化、零浪费、零间隔时间、零追加成本的产品。

工业区的生产设备通过 IoT 实现互联，并通过虚拟化技术实现了设备的云端化和按需持有。

---

① 大量客制化（Mass Customization）是一个相对于大批量生产的概念，"大量"常常意味着产品的模式化、标准化，"客制化"则往往意味着少量生产。二者朝着不同的方向前进，一方面能提供多样化的选择，另一方面又能满足大量客户。——译者注

此后，第四次工业革命还会影响农业、医疗、零售、餐饮、旅游等行业。把外国人在 SNS 上发布的动态交给 AI 分析，AI 就能设计出更受外国人欢迎的日本旅游路线。现在，设计新型旅游路线的计划正在逐步实施。如果把全世界 SNS 上的动态交给 AI 去学习和分析，就很有可能推出轰动全世界的产品或服务。

AI 和机器人技术的进步使许多工作实现了无人化。今后，在 AI、机器人和无人机的帮助下，人类甚至可以完成超出自己身体和智慧极限的工作。

◘ 历次工业革命及其主导国家

蒸汽机等通用技术引发了第一次工业革命。由于蒸汽机能够提供动力，纺织业的生产效率提高到了原先的 200 倍，许多纺织工人因此而失业。

第一次工业革命的主导国是英国。当时，英国制造了全世界 50% 的工业产品，因此被称为"世界工厂"。为了解决产品生产过剩的问题，英国在殖民地强制出售自己的产品，最终建立了大英帝国。印度在英国占领下大量生产棉花，并被迫卖给英国大量棉织品。引领了工业化潮流的英国从全世界赚取了巨额财富。

第二次工业革命则是由电力、发动机、化石燃料内燃机等通用技术引发的。与蒸汽机相比，这些新技术能进行更为精细的控制。随着石油化学工业等许多新型产业的诞生，世界进入了"大量生产、大量消费"的时代。

同时，农业生产效率也在不断提高，许多农民在失业后转行为工厂工人。

第二次工业革命的主导国是美国。美国在生产过程中运用传送带实现了大批量生产。美国的汽车产业提供了许多就业机会，由于那时的汽车租赁费用相当高，几乎相当于一辆汽车的价格，所以不少人索性直接购买私家车。美国向世界出口了众多的汽车和石油制品，世界财富也因此不断向美国集中。

第二次世界大战之后，第二次工业革命主导权又转移到了德国和日本手中。

日本和德国的工人们大多接受过良好的教育，勤劳能干且能力过人。他们在生产现场不断改进生产方式、提高生产效率，而此时美国的制造商却接连破产。

1981 年，在日本企业"高质量、低价格"的竞争压力下，美国通用电气公司 CEO 杰克·韦尔奇果断实施裁员。1993 年，IBM 总裁路易斯·郭士纳也开始大幅裁员。1993 年，美国和日本在半导体产品的贸易中出现了摩擦，日本限制了半导体产品的对美出口，帮助了美国。日本在两国的角力中受到了打击。

这是因为当时的日本正是第二次工业革命的主导国。

世界上掀起了一阵研究日本的热潮。傅高义教授在《日本第一》一书中赞扬了日本的社会体系。那时，日本是"世界的榜样"。

詹姆斯·阿伯格伦（James C. Abegglen）在《日本式管理》一书中指出，日本发展的奇迹是由终身雇佣制、年功序列制和企业工会制这三大支柱支撑起来的。

日本企业认为人性本善。管理学家道格拉斯·麦格雷戈（Douglas M. McGregor）的经营理论"Y 理论"传入了日本，使日本人了解了劳动雇用关系中信任的重要性。丰田汽车公司通过"看板管理"[1]和"持续改善"[2]使生产效率名列世界第一。这两个词也成了全世界工厂管理的通用词汇。

---

① 看板管理是丰田生产模式中的重要概念，看板管理方法是指在同一道工序或者前后工序之间传递物流或信息流的方法。——译者注

② 日本持续改善之父今井正明在《改善：日本企业成功的关键》一书中提出的日本式管理概念，指逐渐、连续的改善。改善意味着改进，涉及每一名员工、每一环节连续不断的改进，即从最高管理人员到一线工人都要不断对工作进行改善。——译者注

日本曾经确实是"世界的榜样"。但是，在第三次工业革命中日本却走错了方向，从工业革命主导国的宝座上跌落了下来。

第三次工业革命是由计算机和互联网等通用技术引发的信息通信革命。

美国制定了新的国家战略，舍弃了制造业，开始大力发展金融业和 IT 业。

美国以"只有自由竞争才能促进经济增长"为信条，在相应政策的支持下，主张减少政府干预，停止补贴僵尸企业，任由其破产。这一举措提高了劳动力市场的流动性，使劳动力不断流向新兴行业。

美国政府不断在政策上放宽限制，吸引了来自全世界各个领域的人才，并为这些人才提供鼓励创新的环境。那些被 IBM 裁掉的优秀员工来到美国西海岸，建立了许多互联网科技企业。2008 年，雷曼危机使华尔街研发金融衍生品的一大批金融工作者失业。这些人来到硅谷，建立了许多金融科技企业。

第三次工业革命的主导国正是美国。

我们工作时使用微软 Windows 操作系统，随身携带的是苹果智能手机，去商场时使用谷歌提供的导航服务，与人们交流时使用 Facebook，在购物时登录亚马逊网站。它们都是来自美国的产品和服务。

在 IT 和互联网行业中，有一个不争的事实：在美国企业提供的平台上，日本企业只是"佃户"，所有的利润都被美国企业收入囊中。全世界市值最高的 10 家企业中，有 7 家企业来自美国，日本企业相形见绌。

现在，随着 AI、IoT、机器人和 3D 打印机等技术逐渐成为通用技术，第四次工业革命已经拉开了序幕。

第四次工业革命的主导国之争方兴未艾。日本在 IT 和互联网世界的竞争中败给了美国。但在今后，在 IoT 技术的支持下，在保健、医疗、看护、生产车间、施工现场、自动驾驶等日本占优势的领域中，现实世界的数据之战一触即发。日本要尽快取得这些行业的数据，并充分利用 AI 和机器人，促使生产效率不断提升，那时劳动力不足的问题将会迎刃而解。

如果第四次工业革命的通用技术能够尽早渗透到日本的各个行业，日本就会再次成为世界的榜样。

◘ 日本政府的目标——"日本振兴战略"与第四次工业革命

日本政府将第四次工业革命视为振兴日本的绝佳机会。

2016 年 6 月，安倍经济政策的"指挥部"——内阁府日本经济振兴总部向内阁提交了报告《日本振兴战略 2016——为迎接第四次工业革命》，并获得了内阁批准。

安倍经济增长战略的第二阶段以 GDP 达到 600 万亿日元为目标，并提出了以下三项政策：

- 不断开拓新型且有潜力的市场，实现 GDP 达到 600 万亿日元的目标；
- 从根本上提高生产效率，解决人口减少和劳动力不足的问题（推进第四次工业革命）；
- 培养人才，促进产业结构转型（培养 AI、IoT 和机器人技术方面的人才）。

日本政府认为，第四次工业革命将会波及更大的范围，而不仅限于德国正在推进的工业 4.0[①]和以美国通用电气公司为核心的工业以太网[②]等。第四

---

① 由德国政府提出的，旨在利用信息技术提高制造业智能化水平的战略性项目。该项目通过分析大数据来优化生产现场，有望大幅降低生产成本。

② 由美国通用电气公司提供的服务，旨在利用 ICT 技术降低成本、提高生产效率。该项目通过分析各种工业产品的工作大数据并将其应用到产品开发中来提高产品利用率及生产效率。

次工业革命的通用技术不仅能够应用于制造业，还能在农业、医疗、旅游等行业发挥作用。

此战略旨在推动第四次工业革命，使日本实现振兴。

为了使日本的 GDP 从现在的不到 500 万亿日元增长到 600 万亿日元，就必须创造出巨大的附加价值。

该战略的具体内容分为以下八个方面。

- 推动第四次工业革命（IoT、大数据和人工智能），创造附加价值。到 2020 年，第四次工业革命创造的附加价值达到 30 万亿日元。
- 建立领先世界的健康强国。到 2020 年，健康市场的规模从 2011 年的 16 万亿日元增加到 26 万亿日元。
- 突破环境的能源制约，扩大投资。到 2030 年，与能源相关的投资额从 2014 年的 18 万亿日元增加到 28 万亿日元。
- 发展体育业，促进体育产业化。到 2025 年，体育业市场规模从 2015 年的 5.5 万亿日元增加到 15 万亿日元。
- 促进存量住房流通，激活住房改造市场。到 2025 年，住房改造市场规模从 2013 年的 11 万亿日元增加到 20 万亿日元。
- 提高服务业生产效率。到 2020 年，服务业创造的附加价值从 2014 年的 343 万亿日元增加到 410 万亿日元。
- 积极发展农林渔业，提高出口能力。到 2020 年，第六产业市场规模从 2014 年的 5.1 万亿日元增加到 10 万亿日元。
- 打造旅游强国。到 2030 年，外国游客消费额从 2015 年的 3.5 万亿日元增加到 8 万亿日元；到 2030 年，增加到 15 万亿日元。

其中，"旅游强国"和"健康强国"是关键词。为了将日本打造成旅游强国，日本政府制定了一个远大的目标：到 2030 年，入境旅游收入从 2015

年的 3.5 万亿日元增加到 15 万亿日元。

2015 年，日本汽车行业的成品车出口总额为 10 万亿日元。汽车零部件的出口总额为 3.5 万亿日元。我们可以看出，日本政府已经下定决心要把获取外汇的支柱产业从电器和汽车等制造业转变为旅游等服务业。

为了打造健康强国，日本政府设定的目标也同样雄心勃勃：到 2020 年，健康产业市场规模从 2011 年的 16 万亿日元增加到 26 万亿日元；到 2025 年，体育业市场规模从 2015 年的 5.5 万亿日元增加到 15 万亿日元。

日本是世界上少子化和老龄化最严重的国家。通过打造健康强国，日本将会获得无数机会去创造前所未有的新型服务。

支持这些新型服务的就是 AI、IoT、大数据和机器人。今后，在这些技术的推动下，第四次工业革命将会进一步向前发展。

我们可以从这个战略中看出日本政府所描绘的未来生活蓝图。

只要不断推动第四次工业革命向前发展，日本就不需要接受移民，而且还可以用更少的劳动时间来提升产品和服务的品质，使健康寿命无限接近于平均寿命，让人们能够真正地活出自我、不断充实自己的心灵。

这个战略如何？日本是世界上少子化和老龄化最严重的发达国家，同时还面临着劳动人口减少等问题。这个战略不但接受了严峻的现实，还描绘出了最理想的未来：

- 劳动人口虽然减少，但 GDP 仍然能继续增加；
- 虽然进入超老龄化社会，但所有人都能健康地生活。

综上所述，尽管这些挑战看起来极其困难，但只要充分利用 AI 和机器人等通用技术，就可以迅速提高劳动生产率，还可以利用健康与医疗方面的数据为人们提供个性化的健康和疾病防治服务。

今后，农业和制造业等领域的劳动力需求量会越来越少，大量劳动力将会流向医疗、健康、体育、旅游等拥有无限潜力的服务业。这就是当前日本政府的规划。

通过放宽限制、优惠的税收制度和提供补贴等各种政策手段，这个战略将会得到稳步实施。

第 **8** 章

日本汽车产业的
生存之路

◙ 日本今后的创新方向

首先让我们来思考一下，日本企业应该在第四次工业革命中进行哪些创新？

非常幸运的是，日本不仅是发达国家，而且还面临着少子化和老龄化等诸多问题。对于这些问题，世界上没有任何一个国家比日本更有经验。

日本面临着无数的社会问题，如少子化、老龄化、退休金问题、老人看护问题、能源问题、地方城市振兴问题等。如果日本能通过企业的力量去解决这些问题，那么必定能创造很多商机。

更幸运的是，由于没有接受移民，现在的日本是唯一一个劳动力不足的发达国家。在医疗看护领域，人手不足是常态。大量零售、餐饮企业也因人手不足而闭店。日本所有的产业都迫切需要通过科技来提高生产效率。

接受了大量移民的欧洲正因极高的失业率而苦苦挣扎。美国虽然经济发展势头良好，但因不愿提高失业率，错失了采取紧缩货币政策的大好时机。

但是，如果日本想利用 AI 和机器人提高服务业的生产效率，是不会碰到任何阻力的。

英国与法国接受了大量移民。西班牙的青年失业率高达 50%。如果这些国家也利用科技来提高生产效率，恐怕只会引起第二次"卢德运动"。

到 2050 年，世界上所有的国家都将面临少子化和老龄化的问题。日本人的平均寿命将达到 90 岁。根据联合国的预测，那时世界总人口将达到 100 亿人，大部分人都居住在城市里。

那时，AI 和机器人将会取代大部分第一产业和第二产业的劳动力，全世界大部分人都在从事之前根本不存在的新型服务业。

我们必须不断创造新型服务业，而日本拥有很多机会。

到 2050 年，世界上所有国家都将面临少子化和老龄化的问题。当前面临诸多问题的日本如果能够走在各国前面，率先实现创新，到那时就可以通过向外输出创新成果来帮助世界各国。

日本企业首先应该做的就是"提升生产效率"与"提出能够解决社会问题的创新方案"这两件事。

◼ 制造业的发展路线：完全无人化与云端化

日本的制造业必须在第四次工业革命中充分利用 AI、IoT、机器人和 3D 打印等通用技术来提高生产效率。

在市场营销、研究开发、采购、生产、销售、售后服务等商业价值链涵盖的所有领域中，都可以充分利用 AI 和机器人等技术来提高生产效率。可以说，这是未来日本制造业的必经之路。只有高效的企业才能长存，否则只能被淘汰。提高生产效率的机会将被平等地赋予每一家企业。企业需要先人一步抓住宝贵机会，好好利用 AI 和机器人等技术，实现跨越式发展。

让 AI 学习 Twitter 上的消息和 Instagram 上发布的动态，就可以挖掘出新商机。如果让 AI 大量学习外国人的 Twitter 和动态，就可以设计出面向不同国家游客的新旅游路线。

在实验中使用 AI，就可以缩短产品的开发时间。如果让 AI 学习由销售数据和在库数据生成的大数据，就可以优化生产流程。

以前，人们普遍认为间接的沟通工作和一些程序很复杂的工作只能由人来完成。现在，具备 AI 学习功能的通用型机器人已经完全可以胜任这些工作了，而且成本低廉。机器人甚至可以在饭店里帮忙盛饭。现在市面上已经出现了会叠衣服的机器人。未来，机器人还将帮忙看护老人，为他们换尿布。

无人驾驶卡车和升降机能让搬运货物这类作业实现无人化。

现在，AI 的图像识别能力已经超越了人类。以前，目视检测必须由经验丰富的质检员来完成，现在 AI 已经可以代替人类来完成这类检测工作。让 AI 学习工厂监控录像后，AI 就可以检测出异常，并预测可能会发生的事故，AI 还能有效防止工伤事故的发生。

将工厂的生产设备接入 IoT，利用各种传感器探测机器的声音、震动和温度，并对其进行实时监控，就可以发现设备的异常。对出现异常的设备及时进行检修，就可以缩短作业被迫停止的时间。如果进一步将生产数据生成大数据并让 AI 学习，工厂还可以预测即将发生的故障，优化设备的维修保养日程。

一直以来，机器的螺栓和螺钉都需要定期维修保养，但是现在已经不需要了。3D 打印技术可以使零件一体化，这样不仅减少了零件数量，还能使零件更加结实。

不久之后，各种设备的维修保养工作也将由机器人来完成。

AI、机器人和 3D 打印技术使工厂实现了高度的无人化和智能化，也使大量客制化成为可能。以后，云端工厂将会进行大规模定制生产。工厂将会变身为巨大的 3D 打印工厂，灵活应对顾客的需求。生产现场的硬件设施也可以在数据中心实现云端化和虚拟化。

制造企业将何去何从？是像苹果公司一样，成为一家只提供芯片设计方案的无厂半导体公司？还是投资建设属于自己的工厂，仍然停留在生产与制造上？这是一个制造企业必须做出的抉择。

如果坚持由自己的工厂生产产品，就必须在工厂完全实现无人化和云端化之前确定今后的发展路线。

在今后的几十年内，如果企业想保留自己的工厂，就必须通过无人化降低成本，从而提高自身的竞争力。企业还必须制订计划，灵活应对顾客多样化的需求，进行大规模定制化生产。

◻ 汽车产业的发展路线：向出行服务业转型

去年，我联合硅谷的一家咨询公司对汽车行业的未来进行了调查。我们大胆预测，未来汽车行业所处的环境将出现巨大变化，AI 和机器人技术的进步将使全世界的工厂实现无人化生产。

如果全世界的工厂都实现了无人化生产，世界将会变成什么样子呢？

以前，日本北海道夕张市曾是当地的核心城市。那时，夕张市有 12 万人，其中几万人都在夕张炭矿工作。现在，夕张炭矿已是废矿，夕张市人口也只剩下 9000 人（截至 2016 年 5 月末）。原本有 12 万人的城市几近消失。

夕张市的人都去哪里了呢？

他们都去从事服务业了，流向了大城市。现在，夕张市的历史正在全世界重演。

原本雇用了 10 000 人的工厂在利用 AI 和机器人实现无人化生产之后，周边服务业的从业者将会流向大城市。如果他们带上家人，迁出人口粗略估计可高达 10 万人。许多城市就是这样消失的。

第一次工业革命之前，人们从事的是农业和渔业等第一产业。第一次工业革命开始后，第一产业的劳动力开始流向第二产业，他们走进了工厂，建造了许多城市。后来，第三次工业革命使制造业的生产效率大幅提高，人们又流向了大城市，开始从事服务业。

服务业的收入十分具有吸引力。饭店、酒店、美甲沙龙、休闲沙龙、游戏中心、KTV 等服务的生产和消费总是同时进行的，因此服务产品不会堆积在库房里面。人口密度提高以后，服务效率自然就提高了。魅力十足的服务业如同雨后春笋般在大城市里不断涌现、茁壮成长，使年轻人更加向往大城市。

现在，日本 15 岁以上的就业者中，从事第一产业的仅占 4.2%，从事第二产业的占 25.2%，其余的都是第三产业（服务业）的从业者。将来，全日本 99% 的人都会从事服务业，并不断涌入大城市。

AI 和机器人大大提高了第二产业的生产效率，促使全世界的人口迅速向第三产业转移，也加快了人口流向大城市的进程。

大城市的公共交通设施十分发达。对大城市里的居民来说，私家车不再是必需品。而且，共享经济的规模也在持续扩大，"从持有到享用"的消费观和无人驾驶技术更是起到了推波助澜的作用。

现在，有 97% 的私家车都停在停车场里，处于未使用状态。伴随着智能手机成长起来的千禧一代都有很强的环保意识。他们并不希望拥有汽车，他们只在需要的时候通过共享的方式使用汽车。

在手机上检索目的地，无人驾驶的共享型私人通勤车就会开过来。去往同一个方向的人可以搭乘顺风车，享受短暂的相会。

有钱人还可以选择独占出行空间。这时，共享汽车将成为私人空间，人们可以在车内、工作、开会或享受自己喜欢的音乐和电影。即使坐在车里，人们也能利用智能设备高效地工作。下车后，这辆共享型私人通勤车又会自动驶向下一名乘客。

无人驾驶技术还给残疾人和老年人带来了福音。一些老年人因腿脚不便而不愿出行。无人驾驶技术普及后，只要在需要时叫来共享型私人通勤车，老年人就可以前往任何想去的地方，去见自己想见的人。此外，最近由老年人引发的驾驶事故频发，无人驾驶技术普及后，该类事故就可以得到有效控制。

老年人出行机会的增加还可以促进经济发展。另外，共享汽车服务会使汽车总数骤减，这有助于减少因堵车带来的巨大经济损失。

由于无人驾驶的共享型私人通勤车始终处于行驶状态，所以道路上基本没有停着的车辆。路上原本用于停车的空间可以被划分为自行车专用车道，公共停车场也可以被改建为五人制足球场和网球场，私人停车场则可以被改造为家庭菜园。经过这些改造之后，都市生活将变得丰富多彩而又环保健康。

福特、通用和奔驰等汽车制造商都已经宣布从汽车制造商向出行服务商转型。日本的汽车制造商也在不断进行各种尝试。2016 年 11 月，丰田汽车公司宣布在制造汽车的同时，也将提供出行服务。

无人驾驶技术使汽车共享更加方便，加速了"从持有到享用"这一趋势的发展，也导致私家车需求骤减。除去一些收藏价值大于使用价值的汽车，如法拉利和阿斯顿马丁，其他汽车制造商如果想继续生存下去，就必须改变原先的盈利模式，从销售汽车逐渐转变为提供出行服务，并根据用户的出行量实行阶梯式收费。

日本所有的汽车制造商必须确定一条路线，即在确保盈利的前提下向出行服务业转型。日本汽车制造商需要一边制造、销售汽车，一边致力于打造前所未有的出行服务事业。

"激发人们的购买欲"与"提供高效服务"这两个目标是由两种完全不同的价值观主导的。极端一点说，法拉利和快递公司甚至可能会由同一个经营者经营。"汽车可以激发人们的购买欲""人们喜爱兜风的快感"等陈旧的思维模式已经不再适用于当前企业的转型与发展。

企业经营者应该审时度势，制定出符合自身情况的发展战略，并向决策层充分传达自己的想法，谨慎实施转型计划。

▣ 利用 AI 和机器人提高服务业的生产效率

少子化和老龄化引起的劳动力不足会给服务业造成沉重的打击。如果少子化和老龄化问题持续恶化，日本的适龄劳动人口将会越来越少，预计到2050 年时会跌破 5000 万人。

另一方面，由于平均寿命不断提高，人们对服务的需求量暂时不会出现大幅减少。那时 GDP 的 70% 将来自于服务业，如果这样下去的话，可能大部分日本人的服务需求都得不到满足。

国内生产总值是由资本、技术和劳动三个生产要素投入量的函数来表示的。即使劳动量减少，只要技术水平迅速提高，生产量仍然能够迅速提升。只要日本能充分利用 AI、IoT、大数据、机器人、3D 打印机等第四次工业革命中涌现出的通用技术，就能迅速提高生产效率。相比于制造业，提高服务业的生产效率更加重要。

1995 年，日本家庭年收入的中位数为 550 万日元，2015 年只有 420 万日元。在这 20 年的时间里，日本家庭年收入减少了 130 万日元。日本的人均 GDP 也下降为美国的一半。

· 到 2050 年，日本总人口将只有 9515 万人，比现在减少 3300 万人（减少约 25.5%）。

· 65 岁以上人口将增加约 1200 万人，适龄劳动人口（15~64 岁）将减少 3500 万人，少年儿童（0~14 岁）将减少 900 万人。

· 上述人口结构将导致日本的老龄化率从 20% 升高至 40%。

（百万人）

总人口
9 515 万人

少年儿童
821 万人
（8.6%）

适龄劳动人口
4 930 万人
（51.8%）

老年人口
3764 万人
（39.6%）

总人口减少约 3 300 万人

少年儿童将
减少 900 万人

适龄劳动人口减少
约 3500 万人

65 岁以上人口增加
约 1200 万人

推测

总人口
12 777 万人

少年儿童
1 759 万人
（13.8%）

适龄劳动人口
8 442 万人
（66.1%）

老年人口
2 576 万人
（20.2%）

少年儿童

适龄劳动人口

老年人口

总人口
10 467 万人

少年儿童
2 517 万人
（24.0%）

适龄劳动人口
7 211 万人
（68.9%）

老年人口
739 万人
（7.1%）

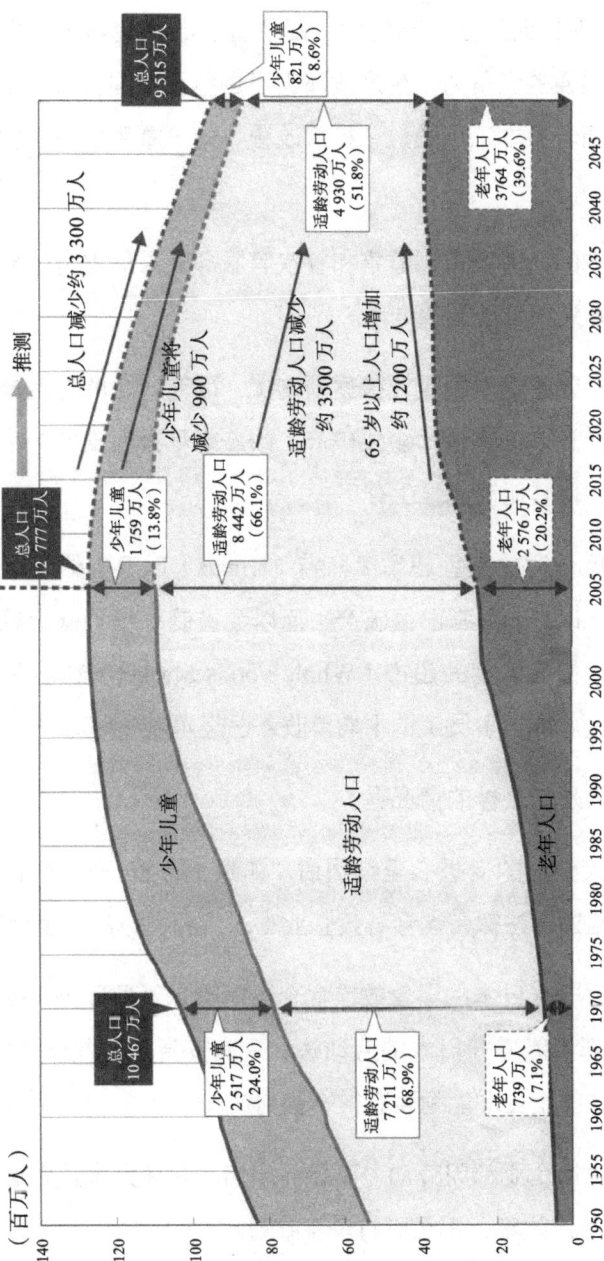

日本适龄劳动人口的变化

注：（1）适龄劳动人口为 15~64 岁人口，"老年人口"为 65 岁以上人口；（2）括号内为少年儿童、适龄劳动人口和老年人口各自占总人口的比例；（3）2005 年统计数据中年龄不详中年龄各年龄人数的比例计算。

图片来源：依据日本总务省《人口普查报告》《人口推测年报》以及日本国立社会保障与人口问题研究所编写的《日本的未来人口推测（2006 年 12 月推测）》中的出生年龄中位数（死亡年龄中位数）的标准所做的推测，由日本国土交通省国土计划局制成。

为什么日本的生产效率如此低下？主要原因在于服务业的生产效率低下。

近20年来，在日元升值、高电价、高税金、高租金等压力之下，日本制造业仍能保持很强的竞争力，生产效率毫不逊色于美国。日本工厂的自动化程度已经非常高。日本工厂通过"持续改善"这一拿手好戏，把生产效率提高到了极致。

然而，在日本的许多城市，零售和餐饮等服务业虽然占有十分重要的地位，但其生产效率还不到美国的一半。

在美国，生产效率低下的企业被逐渐淘汰，取而代之的是生产效率高的尖端科技企业。而日本向来排斥企业破产，政府想尽办法支持中小企业、个体户和僵尸企业，使其能够勉强生存下去。

在美国曾风靡一时的大型超市凯马特（Kmart）以及电器与数码产品零售商电路城（Circuit City）都已经破产。而以会员制系统和低价见长的好市多（Costco）超市和有机食品超市（Whole Foods Market）却广受消费者好评，规模越来越大。好市多员工的平均年收入已经超过1000万日元。

而日本企业又是什么样的情况呢？

在餐饮业，大企业的老板心里都明白"如果上市就一定会亏损"。如果上市，就必须严格遵守法律，这会导致企业难以盈利，必然发生亏损。

我还从未见过一家日本的零售或饮食企业能够真正保证员工每周都能双休。大部分企业都不能遵守日本的劳动法。只有变身为"黑心企业"，不断强迫员工加班，这些企业才能勉强获得一些利润。

大量零售和餐饮企业都因劳动力不足而闭店。如果大型连锁店不能利用AI和机器人提高生产效率，那么必将举步维艰。

第 9 章

提出能够解决社会
问题的创新方案

◘ 创新是为了解决日本的社会问题

少子化和老龄化造成日本的平均寿命和健康寿命差距过大（现在约为 10 年）。这使日本面临着一个严重问题：需要看护的人数不断增多，但看护行业人手不足。为了使日本的平均寿命无限接近于健康寿命，就必须运用科技手段，根据每个人的体质提供个性化的健康服务和疾病预防服务。同时，还必须加速开发能够照顾老人的机器人，以解决人手不足的问题。

要想在不使用核能发电的情况下减少二氧化碳排放量，就必须提高可再生能源的生产效率，同时大力建设生态住宅、发展节能技术。

制约是创新之母。

美国移民众多，人口平均年龄低，人口还在不断增加，因此美国根本不存在少子化和老龄化问题。页岩气革命使汽油价格降低，原本耗油量较高的载货客车在美国备受欢迎。

在美国，浪费食物的现象极为严重，垃圾还未被分类就被填埋，人们出门的时候也不会关闭空调。这对有着节约传统的日本人来说是难以理解的。美国人追求方便，但没有节约的习惯。20 世纪的"大量生产、大量消费"的文化至今仍在美国延续着。美国的服务创新也大多朝着更加便利的方向发展。

日本虽然也是发达国家，却面临着少子化、老龄化、能源短缺等各个方面的问题。在追求便利之前，日本还有太多亟待解决的问题。

到了 2050 年，全世界都将面临少子化和老龄化的问题。届时世界人口总数将达 100 亿，粮食、能源、医疗、看护将成为全世界的难题。

日本虽然面临着诸多挑战，但同时也有着大好机会。世界上还没有任何一个国家为解决这些问题做出表率，日本只能通过不断试错来持续创新。到了 2050 年，日本很有可能率先提出解决这些社会问题的创新方案，并率先向世界输出创新成果，帮助其他国家解决这些问题。

日本政府已经把"解决医疗健康、能源、农业等社会问题"确立为国家战略。为了鼓励创新，日本政府放宽了政策限制，并发放大量补贴。其实，只要我们开动脑筋，即使不借助国家的力量也能解决许多社会问题。例如，日本有一家名为"Florence"的非营利组织巧妙地解决了患病儿童的看护问题，为双职工家庭分忧。

幼儿园不会托管发烧到 37.5℃以上的孩子。很多人都是为了照顾突然生病的孩子，屡次向单位请假，最终因此被解雇。Florence 可以提供短期的患儿看护服务，家长只需每月缴纳会费。缴费方式类似于互助保险，一旦缴纳一概不退。因为家长无法预料孩子何时会生病，所以就每月缴纳 7500 日元的会费，以防万一。即使早晨起来发现孩子突然起了麻疹，只需打个电话，看护员就会立刻赶来。随后，儿科医生会上门为孩子治疗。除此之外，Florence 还用各种妙招解决了儿童排队入托和残障儿童看护等社会问题。

现在，我在 S-Pool 股份有限公司担任董事一职。S-Pool 提出了"Work Happiness 农场"这一理念，致力于解决残疾人士的就业问题。公司在千叶县开垦了大面积的水田，专门帮助企业雇用残疾人士来栽培蔬菜，使其达到 2% 的法定残疾人士雇用比例。

日本法律规定，企业内残疾员工比例必须达到 2%，而让残疾员工完成企业安排的工作实属不易。一般情况下，企业为了完成法律规定的义务，就把保洁工作交给残疾员工完成。但这样的工作往往使他们感到孤独，而且感受不到自身的价值，很快就会选择辞职。

大部分企业都采取这样的做法：让残疾员工一个人孤独地做清洁工作，每天到了下午四点钟对他说一声"辛苦了"，就让他下班回家，然后再请专业的保洁员重新清理一遍。残疾员工早晚会知道这个秘密，最终一定会觉得自己的工作毫无意义。

感受不到工作的意义且难以忍受孤独，他们只好选择辞职。

如果雇用残疾人士在塑料大棚里种植莴苣、小油菜和西红柿等蔬菜，情况又会发生什么变化呢？在蓝天下，和大家一起种植蔬菜，如果收获的蔬菜的味道能让大家赞不绝口，残疾人士就会觉得自己为社会作出了贡献，并能感受到工作的价值，就业稳定性自然也就提高了。

我们最初实践这个想法的时候经历了重重困难，但最后的结果证明我们的计划是正确的。

到 2016 年 12 月，我们创业已经 5 年了。现在，已经有 100 家企业加入了 Work Happiness 农场，雇用的残疾员工人数达到了 450 人。在这 5 年里，残疾员工的就业稳定率高达 95%。去年，有一对在农场认识的情侣喜结连理，并生下了一个健康的孩子。

只要充分利用智慧和科技，企业就可以凭借自己的力量解决许多社会问题。

❑ 提出创新方案，未来生活无忧

北欧国家在全球幸福指数排行磅中高居榜首。2016 年夏天，我去了一趟北欧，并在丹麦的首都哥本哈根对不同的人进行了采访。

我问他们："为什么丹麦是世界上最幸福的国家？"虽然我得到的答案五花八门，但用一句话就可以总结："因为生活无忧无虑。"

在丹麦，从幼儿园、小学等基础教育到大学、研究生院等高等教育全部是免费的，而且人们完全不需要支付医疗费和看护费。即使失业，每个月也能得到相当于 20 万日元以上的失业补贴，最长补贴时间可达四年，失业者还可以在此期间接受职业技能培训。而且，即使是在接受失业补贴的期间，失业者也可以享受带补贴休假。

如此优厚的社会保障对日本人来说简直就是天方夜谭！

日本人最喜欢为了以防万一而勤勤恳恳地存钱，而丹麦人根本不需要以防万一。接受我采访的丹麦人一致表示"在丹麦根本没有人存钱"，其中一个重要的原因就是丹麦的所得税税率高达 40%~60%，消费税税率高达 25%。如此高的税率使人们根本没有多余的钱可存。

丹麦之所以能成为世界上最幸福的国家之一，其基础就是高税率带来的高福利。

反观日本，情况又如何呢？在联合国发布的《2016 年版全球幸福指数报告》（*World Happiness Report 2016*）中，丹麦高居榜首，日本则排在第 53 位。

日本被称为"中负担、中福利"国家。

少子化和老龄化使日本的适龄劳动人口持续减少。日本政府的负债已高达 1000 万亿日元，是日本 GDP 的 2 倍。如果继续放任不管，社会保障体系将会无法维持。

还没有退休的人们已经预料到，将来自己领取的退休金将会大幅减少，而日本的平均年龄每年都在增加。人们渐渐将这种"人活着、钱没了"的现象称为"长寿风险"。

如果日本为了减轻国民的生活忧虑、提高国民的幸福指数，从现在开始像北欧各国那样将国民负担率 ① 提升至 60%，变成高福利国家，那是很不现实的。

然而，如果日本能充分利用第四次工业革命中的通用技术，就可以通过民间的力量减轻国民的生活忧虑。

人们的忧虑的问题主要有三个，分别是经济、人际关系和健康问题。其中，经济问题又包括衣食住行和娱乐两大方面。

互联网普及已有 20 年，年轻人在生活中不必花钱便可以获取各种各样的信息。现在已经没有年轻人买报纸了，因为打开雅虎网站就可以免费阅读新闻。音乐和电影等娱乐信息也可以在 Youtube 等视频网站上免费获取。

当今时代，免费获取信息是理所当然的。

可以想象，在数字化管理的 P2P 普及后，在现实生活中，衣食住行、人际关系和健康等方面的各种必需品也可以免费获取。

首先是衣。本书在前面已经介绍过共享服装和首饰的服务。各具特色的服饰投资企业正在以惊人的速度问世。在国外，非营利组织回收并免费共享童装和玩具。日本人每年都要扔掉几十万吨的旧衣服。只要不挑剔，衣服基本可以实现免费获取。

欧美各国还有免费共享各种物品的服务，并不限于服饰。在 NeighborGoods、Nextdoor 等在当地城市普及的 SNS 上，人们可以免费借用工具、野营用品、家具、山地车、除草剂、农机具等物品。这些服务有一个前提，那就是借东西的人需要亲自去出借者的家里取东西。甚至还有一些人在旅游之前请别人帮忙照看自己的小狗……

---

① 国民负担率是一个国家在一定时期内（通常为一年）的税收总额占国民收入总额的比例，这是一个考察政府财政负担轻重程度的指标。——译者注

NeighborGoods 网站上公布的《共享指南 1》中写道："科学已经证明，帮助别人有助于减少压力、提高幸福感。一起来享受帮助别人的乐趣吧！"无偿共享是一个双赢的过程，既可以让借用者获得丰富的物质，又可以让出借者获得心灵上的满足。

如果日本的企业也能根据国情设计一个类似于 NeighborGoods 和 Nextdoor 这样的 SNS，人们就不必购买不经常使用的物品了。

运营这些项目的公司可以通过打广告和向当地店铺收取介绍费盈利。

其次是饮食。只要不挑食，未来人们可以在 Mealshare 上享受免费的食物。

在旧金山诞生的 Mealshare 已经在全世界发展壮大，甚至还出现了很多免费的共享餐桌。老人独自吃饭会觉得孤单，如果做好六种菜，在 Mealshare 上召集同伴，就能每天晚上都和不同的人一起享受晚餐。独居的富裕老人和贫穷的年轻人在 Mealshare 上通过 P2P 联系了起来，双方不仅饱了口福，心灵也能得到满足。P2P 技术可以优化配置这个世界上的善良和奉献等情感资源。

当然，人们都想吃自己喜欢的食物，想自由选择与自己一起吃饭的同伴。要想享受这种高级服务，就要缴纳一定的费用。Mealshare 通过向收费餐桌收取介绍费和广告费来覆盖其经营成本。

日本对 Mealshare 的需求应该很强烈，因为独居老人是日本的主要社会问题之一。生活富裕的独居老人成为共享餐桌的东道主后，独居老人和单身妈妈这两个家庭都能受益，老人们也能充实自己的内心，缓解寂寞。

食物也可以自给自足。在国外有这样一种服务——为拥有空闲土地的人寻找园丁。

把野草丛生的土地借给别人，租金就是新鲜的蔬菜。这对主人和园丁来说都是健康而有趣的回报。

今后，共享公寓将会成为解决日本住房问题的重要手段。日本有 850 万间空房，其中不必装修就能立即入住的房子有几百万所。

在国外，单身妈妈的共享公寓已经成为主流。有着同样生活经历的人们聚在一起，不仅共享居住空间，还能互相照看孩子、帮忙做家务，就连烦恼也能共享，这些人成了彼此的精神支柱。

不仅如此，如果和有育儿经验的老人住在一起，就不用担心自己的孩子回家时没有人照看他们。为了鼓励女性进入社会，可以试着为她们提供共享公寓，让她们和有育儿经验的老人居住在一起。老人在客厅里照顾孩子，也能在教育孩子的过程中感受到自己的价值。

如果失业者和工作忙碌的年轻人共享一间公寓，失业者就可以通过承担打扫房间、洗衣服、做饭等家务而免去房租。

在高温潮湿的日本，房子里如果没有人居住，很快就会受到霉菌腐蚀。日本有很多空房需要人住进去才能保持良好的环境，有些房主甚至可以接受不收取房租。在这种情况下，如果能建立一种制度，让房主在需要使用房间时房客可以顺利搬出，就能有效降低租房者的居住成本。

共享公寓以极低的成本，不仅为人们提供了衣食住行等物质财富，还增强了人与人之间的联系，创造了精神财富。可以说，共享公寓是一种造福大众的创新。

创新的共享公寓可以一次性解决 850 万间空房、单身妈妈增加、女性进入社会、儿童看护、独居老人孤独死亡等社会问题。

只要设计好共享模式，就能在降低生活成本的同时，促进人与人之间的交流。人们只需要花很少的钱，就能同时获得物质财富和精神财富，这与

GDP 增加带来的效果是一样的。即使国家的社会保障并不丰厚，只要集结民众的智慧，并运用科技手段发展共享经济，同样能够提高国民的幸福指数。

幸福学认为，越是乐观的人，其幸福指数越高。

在北欧，孩子们从小就接受这样的家庭教育：人活着是为了幸福，与其担忧不确定的未来，不如乐观地活在当下。

在共享思想的引领下，日本人也能变得积极、乐观，从而有效提升幸福指数。

◪ 通过创新实现自我价值

精神消费比物质消费更胜一筹。在物质生活丰富的发达国家，人们更愿意追求精神满足和内心充实的人生。

如果生活无忧无虑，人们就会追求加强人与人之间的联系和自我实现。

为了促进经济的发展，必须不断推陈出新，提供有吸引力的新型服务，让有钱的老人和爱存钱的年轻人心甘情愿地掏出钱包。

自我实现是指成为理想中的自己或创作理想中的作品。自我实现的关键词是"学习"与"进步"。

为了追求理想的身材，人们去参加健身俱乐部，聘请健身教练。他们在手机里安装减肥和健康软件，为了瘦身不辞辛苦。

马拉松运动员为了在下一次比赛中刷新纪录，每日努力练习。登山爱好者在征服了一座又一座山峰后，攀登能力大幅提高。为了乘遍全国火车，铁道迷提前制定好日程，盼望着周末的到来。AKB48 的粉丝为了使自己支持的歌手在下次的总排名中获得好成绩，就大量购买 CD，还和同伴们一起成立后援会，集合各方智慧拉票。

如果有一项服务能帮助人们成为理想中的自己、创作理想中的作品，那么人们就会心甘情愿拿出钱来购买这项服务。

为了得到理想的身材，人们需要健康饮食、加强锻炼。但是，这种事情独自一人很难坚持下去。

我从 30 岁起就十分在意身上的赘肉，为了得到理想的体型，20 年来我尝试了各种各样的减肥方法，如低碳水化合物减肥法、苹果减肥法、煮鸡蛋减肥法、酵素饮料减肥法、节食减肥法、硅谷防弹咖啡减肥法、甜酒减肥法……结果都失败了。

每次减肥失败的经历总是相似的。每当我在晚上想吃东西、想喝酒的时候，就给自己找一个借口："最近一直努力减肥，今晚就奖励自己享受一顿大餐吧！"然后就将减肥这件事置于脑后，继续暴饮暴食。

每次我看到自己的体重增加，心情都会很沮丧，第二天就不敢称体重。而不称体重，减肥就不可能成功。就这样，每一次的减肥计划都不了了之。

不久后，渐渐扣不上的皮带又一次让我产生了危机感。我再次在计算机桌面上写下减肥目标："这次一定要减肥成功！"然后我就进入"减肥模式"。没过多久，我又会对自己说："最近一直努力减肥，今天就奖励自己享受一顿大餐吧！"就这样一直恶性循环……

虽然这 20 年来我不断尝试减肥，但是没有一次成功减到目标体重。

我对自己软弱的意志实在是失望极了，我想改变自己。这时，一则广告映入我的眼帘："私人健身房让你华丽蜕变，保证有效！"上面还配有一个人健身前和健身后的照片，一个满身赘肉，另一个浑身肌肉。

我感到大脑中的多巴胺激增。我立刻给私人健身房打电话预约了咨询。从此，我就和私人健身教练齐心协力，开始挑战减肥。

训练的严格程度超乎我的想象，如双手举着 90 公斤重的杠铃做深蹲和举着 50 公斤重的杠铃做仰卧推举，我只能咬着牙完成。训练结束后，因为抬不起胳膊，洗澡时连头都洗不了。在健身教练的鼓励下，我攻克了一个又一个仅靠自己不能攻克的难关。每天我都会收到饮食报告、教练的指导和鼓励的评语。我十分幸运地遇到了一个与自己合得来的健身教练，每天都有健身的动力，而这在之前是无法想象的。

三个月过去了，我 20 年以来的梦想终于实现了。我瘦了 10 公斤，得到了充满肌肉的理想身材。

"保证有效"这句广告语果然不是谎言！

但是，还有一个问题，那就是价格太过昂贵。我算过在这家健身房所缴纳的入会费以及每月的会费、购买营养品的花费等各项费用，在这三个月里我一共花费了将近 50 万日元。

看到了我外表的变化，朋友们都问："你是怎么做到的？快告诉我！"但是，一听到价格，他们都失去了兴趣。

如果这种服务变得既便宜又便利，那么肯定能进一步扩大健身市场，而现代科技完全可以实现这一点。

只要使用 P2P 这一共享服务，就可以将寻找健身教练的人和寻找客户的健身教练联系在一起，而且是零成本。因为既不必支付巨额广告费，也省去了管理成本，所以完全能够以极低的成本实现这项服务。要想成功减肥，健身者和健身教练是否合得来十分重要。使用 AI 来分析健身教练与健身者是否合拍，就可以找到最佳配对。专业健身教练还可以投入少量的设备投资，在公寓的空房中置入健身设备，将其改造为私人健身房。如果想向客户提供更好的服务，专业健身教练还可以为健身者提供带有聊天功能的膳食管理软件。

将上述服务综合起来，就是一项能够帮助人们自我实现的服务。

日本职业足球联赛和棒球联赛的退役运动员的再就业问题也是日本的一个重要社会问题。其实，每一位专业运动员都掌握着大量的膳食管理与健身知识。因为拥有这些知识，专业运动员在退役后也可以考虑将健身教练作为自己的理想职业。

只要运用智慧并利用好现代科技，人们就能以极低的成本实现自我的价值。

自我实现的关键词就是"学习"与"进步"。

将某个领域的专家、空闲时间、AI 的配对功能和由 AI 驱动的个性化学习软件等组合起来，就可以帮助各个领域的人们以极低的成本开展学习、实现进步。这些人可能是未来的画家，可能是想要学习油画的老人，可能是未来的烹饪大师，也可能是想要提高厨艺的家庭主妇。

在人才开发领域，有这样一句话："教学即为学习。"通过教授别人知识，老师也能获得进步。

如果能将演员、歌手、饰品制作者、塑料模型制作者、吉他手、鼓手、漫画家、作家等各个领域的专家智能配对，那么不论是老师还是学生，每个人都能够实现自我的价值。

学习一项新技能会让人们体会到乐趣，之后人们就会有动力进一步深入探索。经过不断探索，技术水平得到提高之后，人们又会追求更高级的工具，如新的画笔、新的吉他、新的长笛。只要人们专注于自我实现，就能带动消费。

只要人们积极走出家门，通过加强与他人的联系来提高自己的能力，就能够促进资金流动，推动经济的发展。另外，人们加强彼此之间的联系，还有助于提高恋爱和结婚的概率。

创新是多种事物的组合。如果尝试提供这样一种服务，将老太太、歌剧、礼服和音乐大学的学生组合在一起，会发生什么呢？

各个服装品牌都在苦苦挣扎，百货商店的营业额也在持续下降。如果上述服务变成现实，不仅能够鼓励老太太购买礼服，还可以让音乐大学的学生陪同老太太一同观看歌剧并在旁边为其解说。看完歌剧后，还可以举行宴会，这既能帮助老太太提高素养，又能促进她与年轻人进行交流。

很多老年人虽然有充足的时间和金钱，但往往缺乏个人爱好，还有人因丧偶备感孤独。将物质消费、精神消费和与人相遇组合起来的服务可以使老人们重新焕发活力。

"登山纪念品 + 登富士山 + 学生登山运动员 + 飞蝇钓 + 溪流钓 + 专业钓鱼大师"都是创新组合的例子。

将富裕老人常去的百货商店、进口车经销商、登山纪念品专营店和钓鱼用具专营店组合起来，就可以开拓新的市场。运用科学技术，将想要完成自我实现的人和专业教练或赞助商联系起来，就能推动鼓励自我实现的创新。有了它，日本人和日本经济就能充满活力。

❑ 精神财富让日本再次成为世界的榜样

第二次世界大战结束之后，日本熟练地掌握了第二次工业革命的通用技术，国内经济高速发展，因此被称为"东亚奇迹"。《日本第一》一书提到，当时日本在追求物质财富方面被称为"世界的榜样"。但是，日本在第三次工业革命中走错了方向，从工业革命主导国的宝座上跌落了下来。

第四次工业革命的主导国之争方兴未艾。第四次工业革命的主导国很有可能以前所未有的方式登场，因为其 GDP 很可能不会长期保持增长。

共享经济的模式以零成本实现了闲置资产的优化配置，其中大部分都是不存在金钱交易的。儿童服装和玩具可以轮流共享使用；工具和野营用具等户外用品可以免费借用；Mealshare 可以提供免费食品，使人们享受和别人一起吃饭的时光。无偿的共享虽然同时提供了物质财富和精神财富，但却不能为 GDP 的增长作出贡献。

如果充分利用 AI 和机器人等通用技术，农业生产现场、制造现场和服务现场就能实现无人化。如果无人化提高了设备制造商的生产效率，制造设备的投资成本也会随之下降。当所有产业都实现无人化后，物价将会大幅下降。关于这一点，看一看最近几十年来电视机和计算机的价格就能明白，降价是由生产效率的提高造成的。10 年前，50 英寸的超薄电视机的售价为 50 万日元，而现在其价格已经降至 5 万日元。以前，1GB 硬盘的售价为 10 000 日元，现在用 10 000 日元可以买到 1TB 硬盘，容量是原来的 1000 倍。

第一次工业革命使纺织业的生产效率提高到了原先的 200 倍，因此布料的价格大幅下降。但是，那时全世界对布料的需求并没有得到完全满足。现在，电视机和计算机在全世界随处可见。即使价格下降引起需求量增加，价格下降的速度仍然远远快于需求量增长的速度。生产效率的大幅提升将促使物价不断下降，因此 GDP 也会随之下降。

现在，日本正站在第四次工业革命的风口浪尖上。日本需要通过提高生产效率来提升自身的价格竞争力，从而促进出口。不久之后，发展中国家将会纷纷效仿第四次工业革命的发展模式，全世界制造业的生产效率迅速提升。届时，许多发展中国家会取得巨大的发展，并面临有效需求饱和、人口不断增加的局面，劳动力将纷纷流向尚在发展的服务业，使 GDP 不断增加。而日本的人口还将不断减少，而且到那时日本的服务业已经非常发达，很难再次扩大有效需求。

鼓励自我实现的服务只能以人为对象。从长远来看，就算不断创造这种服务以催生新的需求，并鼓励入境旅游以提高国民收入，人们的收入增速还是赶不上 AI 和机器人带来的生产效率增速以及物价不断下降的速度。GDP 下降就意味着劳动力收入减少。但是，如果物价下降幅度非常大，人们的生活满意度仍会提升。

此外，由于共享经济的规模不断扩大，会有越来越多的热心人愿意帮助他人。因此，即使经济规模缩小，物质财富和精神财富仍会不断增加，人们的幸福指数也会随之提高。

日本是世界上少子化和老龄化最严重的发达国家。随着第四次工业革命的到来与共享经济规模的不断扩大，日本的经济规模恐怕将会不断缩小。但是，即便在这种情况下，日本仍然有很多提高国民幸福指数的潜力，再次创造奇迹。

然而，GDP 的下降将给日本带来很大的风险。我们不能忘记一个事实：现在的日本之所以能够享受和平，是因为受到美国的保护。

日本曾是世界第二大经济体，那时日本的国际地位迅速提高，在世界上也有一定的发言权。但是，如果将来日本的 GDP 不断下降，日本的国际影响力也将会随之减弱。据多名经济学家预测，到了 2050 年，日本的 GDP 将被印度尼西亚超越，跌至世界第八位。届时，日本 GDP 占全球 GDP 的份额会从现在的 8% 降至 3%。一旦这些成为事实，日本对美国的重要性就会下降，最终很可能会失去美国的保护。

当今的世界出现了多极化趋势。日本必须在多极化的世界中与邻国建立友好关系，必须致力于维护世界和平，并为维护国际新秩序作出贡献。

我们必须通过文化外交让世界喜欢上日本，例如，积极推动日本农业出口，并向全世界宣传日本的优秀传统文化，促进入境旅游，把日本的魅力展现给世界各国。旅游强国战略可以同时促进日本文化外交和经济两方面的发展，这对日本来说具有至关重要的意义。日本必须与来自世界各地的游客积极交流并彼此加深理解。

日本还必须推进健康强国和旅游强国这两个国家战略，把自身打造为世界第一长寿国家。如果生活在日本的人们身体健康、内心充实，世界各国的人们自然就会对日本这个"幸福之国"心生憧憬。如果他们为了学习日本的长处而来到日本留学，必将有助于增强日本在国际社会中的影响力，从而提高日本的国际地位。

到了 2050 年，世界上所有的国家都将面临少子化和老龄化的问题。那时，如果日本能够率先提高生产效率，实现鼓励自我实现的创新，并提出能够解决社会问题的创新方案，就可以向世界输出创新成果，帮助其他国家解决问题。

不是通过增加物质财富，而是通过增加精神财富使日本这个充满问题的发达国家成为世界的榜样，这就是当代日本人的使命。

日本经济产业省如何构想 2030 年的日本

日本经济产业省大臣官房总务课长

荒井胜喜

‖ **荒井胜喜** ‖

现任日本经济产业省大臣官房总务课长。

1991年进入日本通商产业省（现在的经济产业省），1994年在宾夕法尼亚大学沃顿商学院留学。之后负责了一系列项目，如日美通商交涉、亚洲经济援助、中东石油特权交涉、公正交易委员会、专业人才培养、亚洲经济合作、反收购措施制定、制造业振兴、日本经济政策制定等。2009年担任驻美国产业调查员，2012年担任信息通信器材课长，2015年担任信息政策课长，2016年开始担任日本经济产业省大臣官房总务课长。

吉村：荒井先生是我大学时期的学长。我们那时在同一个社团，一起度过了大学的时光。

荒井先生在大学时期取得的最大成就就是"六本木革命"，那时他包下了六本木的 26 家舞厅，并动员了 10 000 名大学生进入舞厅，实现了"大学生占领六本木"这一天方夜谭般的计划。

一开始，荒井先生基本上是不来上学的，一般只能在舞厅见到他。到了大三时，他突然下定决心要成为改变日本的官员，并以高分通过了公务员考试，如愿以偿地进入日本通商产业省。

之后，荒井先生负责了一系列项目，如日美通商交涉、亚洲经济援助、中东石油特权交涉、专业人才培养、亚洲经济合作、反收购措施制定、日本经济政策制定等。荒井先生从 2016 年开始担任日本经济产业省大臣官房总务课长。在《文艺春秋》2016 年 2 月号中，荒井先生还被评选为"使日本焕发活力的 125 位天才"。杂志这样介绍道："他担任日本信息通信器材课长时，为陷入困境的夏普提供了解救方案。"这就是荒井先生，一名不断推动日本经济向前发展的"早期派对爱好者"。

顺便一提，荒井先生在大学毕业之后就走上了成功的坦途，而我却留级了。后来我因为找不到工作，就去做了一名注册会计师。再后来，我成立了 Work Happiness 公司。虽然我和荒井先生在大学毕业后选择了不同的道路，但现在我们都有一个相同的目标，那就是"使日本焕发活力"。我不禁感到，这真是一种缘分啊！

荒井： 是啊。不过，吉村先生也干出了一番事业啊！

吉村： 谢谢您。您从大学时发起"六本木革命"到现在发起"日本革命"，从一个派对爱好者顺利成长为一名优秀的官员。

话说回来，《日本振兴战略 2016》把 600 万亿日元的名义 GDP 作为目标，这是日本在第二次世界大战后 GDP 的最高值。这个目标看起来十分激进，特别是其中还包含了无人驾驶、旅游强国、健康强国等内容。您认为到了 2030 年日本的各行各业以及人们的生活会是什么样的呢？

2030 年，汽车制造业将会向出行服务业转型

荒井： 到了 2030 年，无人驾驶技术必然会深入人们的生活。那时，汽车制造业的规模将会缩小，并向出行服务业转型。各个行业都会提供个性化服务。早上无人驾驶汽车来接自己上班已经不是新鲜事，同路的人还可以搭乘顺风车。而且，个性化服务还可以轻松预测人们的需求，例如，在周几的几点有几个人乘坐汽车等。

吉村： 汽车行业的变化是不是代表着日本大部分的制造业将会出现巨大变化呢？

荒井： 是的。到了 2030 年，日本将不会大批量生产产品。从物质消费到精神消费、从持有到享用这一变化改变了长久以来以"大量生产、大量消费"为前提的经济体系。由于生产过程本身不会给产品带来附加价值，因此国外很多工厂都开始使用 3D 打印技术和云工厂。当然，还会有许多工厂利用 AI 和机器人技术实现无人化生产。届时，在工厂里工作的工人将不复存在。日本国内的工厂只会保留企划、设计以及能够产生附加价值的工作。

吉村： 也就是说，日本的产业结构会发生很大的变化，对吧？这个进程

是无法阻止的吗？

荒井：无法阻止。就好比说，驿站的马车消失后，必然会使出行业的产业结构发生巨大的变化。20 年前，人们需要付钱才能获取信息，而现在获取信息却是免费的。还有，在飞机被发明出来以前，没有人听说过飞行员这个职业。即使现在的一些产业或职业在将来会消失，也一定还会出现一些人们从未听说过的新职业，这是历史发展的必然趋势。有智库报告称"人类的能力赶不上时代的发展"的趋势越来越明显。以前，印刷工人可以一生从事印刷工作，但现在只有反复转行才能生存下去。无人驾驶技术必定会使汽车需求量大为减少，但在另一方面，它既能缓解交通拥堵，又能使腿脚不便的老年人出行更加方便，因此其带来的经济效益将会相当显著。

吉村：原来如此，真是万事无常，世上没有不变的事物。到那时，工作方式也会出现很大的变化吧？

荒井：到那时，人们可以根据自己的意愿自由地选择工作地点和工作时间。既有出门上班的人，也有不出门上班的人。评价工作只会以工作成果为依据，每个人都能按照自己的能力和需求选择适合自己的工作方式。起初，这种模式只会应用于兼职或副业。但是，总有一天，优秀的人会创立自己的事业，同时兼顾 3~4 份工作。

适合日本的道路：旅游强国、健康强国

吉村：在这种趋势下，日本政府推出了旅游强国的战略，其具体的内容是什么呢？

荒井：截至 2015 年，外国人来日本旅游消费的总额为 3.5 万亿日元。到了 2020 年，我们要将其提升至 8 万亿日元，到了 2030 年，我们要将其提升至 15 万亿日元，我们的目标是吸引 5000 万名外国游客来日本旅游。

吉村：即使现在汽车出口额和零部件出口额都保持在一个很高的水平，未来旅游业还是会代替汽车产业成为日本的支柱产业吗？

荒井：很有可能。因为日本是一个充满魅力的国家，旅游业必然会成为其支柱产业。

2015 年，访问日本的外国游客人数约为 2000 万人。日本计划到 2030 年时吸引 5000 万名外国游客，这个人数是现在的 2.5 倍。为了实现这一目标，日本必须完善旅游服务和旅游基础设施，因为以现在的水平很难实现这个目标。酒店、机场和交通基础设施已经拥堵不堪。如果酒店房间不够，就有必要开发民宿与空房租赁服务。如果现实业务与相关法规产生冲突，就有必要在全国范围内放宽相关限制。

还有一个问题，那就是现在外国游客在日本的消费金额相当少，人均只有 30 000~40 000 日元。这是因为日本值得消费的地方太少，所以日本很有必要为游客提供更多的选择，更加注重体验型的服务。例如，现在已经出现了参观工厂夜景等旅游项目，我们还可以开发健康游、运动游、农业体验游等新型旅游项目。

现在，日本的服务价格比较平均，因此日本需要设计一些与众不同的服务项目，如租金昂贵的豪华酒店等，把服务对象逐渐锁定为高收入人群。日本几乎没有高级旅游胜地。在日本，有钱人享受特殊待遇会被视作不良风气，其实这只是一种偏见。

通过分析以往游客的大数据，就能预测什么时候哪个国家的游客会来日本旅游。利用大数据，再根据 SNS 上的动态和照片分析外国游客最喜欢的地方，日本就可以打造出各种魅力十足的旅游胜地。

吉村：原来如此。这正是从物质消费到精神消费的变化，真令人期待！那么，健康强国又是怎么一回事呢？

荒井：根据相关规定，医疗领域的数据和医疗费用明细都实现了电子化，这就是我们的资本。虽然我们现在还没有将这些数据投入使用，但如果放宽限制，我们就可以把它们用于新药开发、健康指导等各个方面，从而创造新的商机。日本人非常关心自身健康和疾病预防，如果以后我们能根据人们的健康需求不断推出新的服务，日本就可以在成为世界上第一个超老龄化国家后，向世界各国输出这些成果。

吉村：正是如此。日本当前面临着许多问题，但也能为世界提供独特的解决方案。在对未来的展望中，我们可以期待民间企业作出哪些贡献呢？

荒井：日本有着最大的创新机遇。当下日本面临着少子化、老龄化、劳动力不足等社会问题，正因为存在这些社会问题，才会产生许多需求。而且，以平均水平来看，日本在人口、资金、信息方面拥有很多的优势。

不过，我们不能因此而不思进取，否则日本就不会发生任何改变。当今时代，人们不应该受到政策的束缚。现在，我们正站在第四次工业革命的风口浪尖上。周围的环境发生了很大改变，但日本的很多企业仍然在长期亏损中采取保守姿态，不能从过去的思维模式中跳出来，导致自己寸步难行。经济产业省会全面支持这些企业，也希望它们能够得到国家提供的支持。但是，主动权终究还是掌握在企业自己手里。只有企业有想要发展的事业，国家才会提供支持。如果没有任何企业来经济产业省向我们咨询，我们也束手无策。现在的日本需要冒险精神，勇敢去开拓新时代。

吉村：说起来，我也是在荒井先生的影响下学会了冒险。我刚进入大学不久，有一天荒井学长对我说："吉村，过来！"我心里疑惑这是要去哪里，之后随他来到了高田马场有黄色招牌的学生贷款处，用学生证借了 50 万日元。我当时不知所措，但后来通过拼命卖舞厅门票还完了贷款。多亏有这个经验，我才能在愿意做投资时冒险进行早期投资。

当前，经济产业省要完成什么样的使命呢？

荒井：当日本向新的社会转型时，我们需要通过重新制定规则来推动各项新事业的发展。这就是我们的使命。

吉村：无人驾驶汽车的保险就是一例。在很多新领域，现在的规定都不再适用了。

最后，我想问荒井先生一个问题。据说您工作起来几乎不休息，为什么要这么拼命呢？

荒井：我想努力使日本变成全世界首屈一指的国家。因为我经常出国，所以这种愿望特别强烈。我觉得日本能做的事情还有很多，还有很多潜力没有被挖掘出来。想到这里，我就很着急。还有很多事情在等着我们去做。作为这个国家的官员，我总觉得还有很多任务没有完成。

吉村：这真是只有肩负着日本命运的官员才有的使命感啊！我也想效仿坂本龙马，通过团结全日本的力量，拆除企业壁垒，改变日本的未来。荒井先生，让我们这两个"早期派对爱好者"携起手来，一同为日本恢复活力作出贡献吧！感谢您今天的到来。

第 三 部 分

日本企业创新理论

第 **10** 章

日本大企业
进行创新时面临
重重困难

◘ 由大企业引领创新并不容易

在解释大企业的创新理论之前，先来简单说明一下创新的特征。

所谓创新不是指新技术，而是指能够造福人类、具有革新性价值的活动。例如，发明白炽灯只是提供了一种新技术。只有在建立了发电站和电网，使白炽灯照亮了黑夜，真正带来了革新性的价值，实现了造福人类并带来巨大利润之后，才能称之为创新。

专利的价值不在于数量的多少，而在于其创新成果能否为社会作出贡献，并给企业带来利润。而且，创新往往是令人意想不到的组合。将两件本来没有任何联系的普通物品组合起来，可能就是一种创新。将马车和发动机组合起来就诞生了汽车；将袋装面和容器组合起来就诞生了桶装方便面；将DVD 出租和互联网组合起来就诞生了奈飞（Netflix）公司。

创新 = 普通物品 A + 普通物品 B

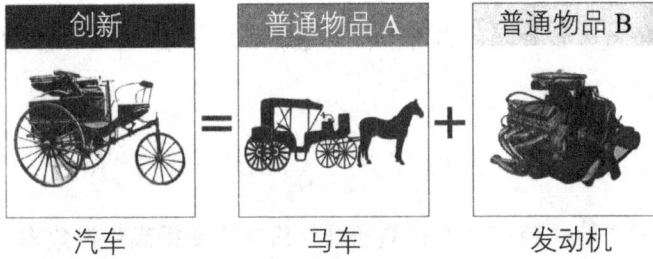

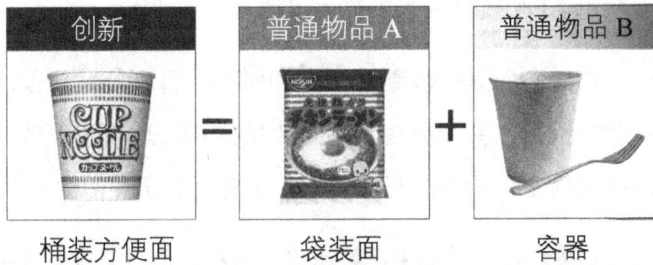

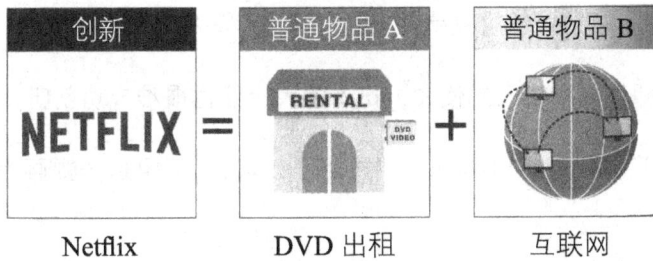

创新		普通物品 A		普通物品 B
汽车	=	马车	+	发动机
桶装方便面	=	袋装面	+	容器
Netflix	=	DVD 出租	+	互联网

带来创新的组合

还有很重要的一点，制约是创新之母。

日本不仅是一个发达国家，而且还面临着少子化和老龄化等诸多社会问题，这是世界上任何一个国家都没有经历过的情况。因此，日本拥有无数个创新机会。

少子化和老龄化引起了劳动力不足、儿童排队入托、养老金、看护、独居老人、蛰居族、孤独死亡、能源、自然灾害、地方振兴等问题，日本亟待解决的社会问题数不胜数。人们必须把在生产现场通过辛苦劳作获得的切身经验和智慧与 AI、机器人等科技相结合，才能找到解决问题的方法。

创新的领域大致可以分为两个：一是提高生产效率；二是开发创新型产品和服务。

上一章提到过，日本企业应该开展以下三个方面的创新。

首先，为了解决劳动力不足的问题，日本需要提高生产效率。日本的所有行业都必须利用 AI 和机器人来提高生产效率。

其余两个方面的创新是开发新型产品和服务。日本开发新型产品和服务的目的是解决社会问题，并鼓励生活在日本的人们实现自我价值。今后，日本企业如果能在这两个领域不断开展创新，企业就能永葆活力。

所有的企业必然会经历提高生产效率这一过程，而且必须解决关乎企业生死的两个问题，即"能够解决社会问题的创新"和"鼓励自我实现的创新"。

然而，即使明白自己的使命，日本的大企业也很难成功创新。

接下来我将带大家进入一个"方轮子工坊"。下面是一幅画有方型木轮货车的插图。

©Performance Manegement Company

方轮子工坊

请仔细看上面这张图。这张图展现了大多数日本企业的现状。从这张图中我们能看出什么？

图中的拉车人走在前面，带领着大家，他的视野看起来很开阔。拉车人有着明确的目标、任务和期望。然而，由于轮子是四方形的，货车每前进一步都会十分颠簸，后面推车的人可以感受到货车颠簸得很厉害。但是，由于拉车人用绳子拉着货车，货车的震动无法准确传达到拉车人（经营者）那里。

为什么货车的轮子是四方形而且是木制的呢？四方形的轮子代表着过时的产品、服务、商业模型和落后的技术，也代表着企业因为受到过去成功经验的影响和陈旧习惯的限制，思维已经僵化。

虽然轮子是四方形的，但由于木制材料很结实，所以货车还能勉强前行。在后面推车的人代表着与过时的商业模型和落后的技术角力的员工，即使很辛苦，他们也要竭尽全力推动企业发展。

为什么轮子会变成四方形呢？这是因为环境已经发生了变化。科学技术和社会规则、顾客的价值观和需求、竞争企业的动向等外部环境早已发生了改变，公司的财务状况和技术力量、员工的能力和价值观等内部环境也发生了改变。

诸行无常，万物流转，世界上没有一成不变的事物。

公司建立之初，货车的轮子是圆形的橡胶轮胎。初创企业都是极具创新精神的尖端企业。随着环境的变化，一切都已经过时。

货车上装满了圆形的橡胶轮胎，代表着有人知道正确的改进方法，但没有任何人看得到货车的整体情况。后面的人（生产现场）虽然在拼命推车，但他们根本不知道货车到底要去向哪里，也不知道自己的激情究竟能维持多久。

怎么样？你所在的企业是不是这种情况呢？

最近，每当我在工坊介绍这幅画时，就会听到越来越多的人表示"我的公司不是这样的"。他们说："我所在的公司里根本没有在前面拉车的人，谁也不知道公司该何去何从。""生产现场根本没有在努力推车，他们把手放开了！""我是坐在车上休息的那个人。""我们公司的轮子不是四方形的，而是三角形的。""我们公司的车已经陷入了泥沼！"……

那么，这辆货车怎样才能既轻松又有效率地驶向目的地呢？

答案非常简单，要做的事情只有两件。第一，向公司全体相关人员分享街道美景（未来愿景）和货车前进路线（公司发展战略）。第二，把四方形木轮子换成车上装载的圆形橡胶轮胎。也就是说，公司首先要让所有员工都了解公司的发展战略，再引进最新的商业模式和技术，这样货车才能提速。

但是，要把这些付诸实践却十分困难。在这张图中，只能看到前方的拉车人一味地向前拉车，而站在后面的人除了车尾什么也看不到，没有任何一个人能看到货车的整体情况。

如果你想确认一下自己公司的情况，可以访问 Work Happiness 网站进行免费测试。

◘ 阻碍创新的心智模型陷阱

决策层往往很难掌握公司的整体情况，这是因为他们陷入了心智模型陷阱。这个心智模型陷阱使经营者们难以认识到"环境已经变化"这一事实。

柯达就是因为无法适应数字化而破产。柯达的决策层曾坚信"人们更爱胶卷照片""数码照片的清晰度不会超过胶卷照片"。

然而，数码相机的发展速度远远超出了柯达决策层的想象。数码照片的清晰度不断提升，数码相机储存照片的容量也成倍扩大。比起胶卷照片的韵味，人们更青睐数码相机的便利。于是，柯达破产了。

美国电话电报公司（AT&T）的决策层曾经坚信"声音通信比数字通信更加重要"。当时，他们对互联网技术完全没有兴趣。不久之后，AT&T 就被分拆重组了。

IBM 的决策层曾很轻视个人计算机，并认为"只有大型计算机才是计算机之王，个人计算机只是玩具"。即使在微软操作系统普及之后，他们也没有危机感。但事实完全不像 IBM 想象的那样，世界反而迎来了个人计算机的时代。

IBM 在失去竞争力之后，于 1993 年从外部聘请路易斯·郭士纳出任 CEO。路易斯·郭士纳实施了大幅裁员。此后，IBM 从硬件公司转型为咨询公司，险获一条生路。

柯达、AT&T 和 IBM 的悲剧有一个共同点，那就是决策层陷入了心智模型陷阱。

人们很容易陷入这种陷阱，并发表与事实相悖的言论："数码照片的清晰度不会超过胶卷照片！""声音通信比数字通信更加重要！""只有大型计算机才是计算机之王，个人计算机只是玩具！"

现在听起来，这些言论只能贻笑大方。但是，各家公司的决策层都认为当时的决策是绝对正确的，并对其深信不疑。

即使是在当时，一个外行看到上述言论都会觉得很不合理。

柯达认为"人们喜爱胶卷照片的韵味"，对热爱胶卷单反相机的人来说可能确实如此，但对并不热衷于照相技术的人来说，便利性才是第一位的。

现在，汽车产业也在发生着同样的事情。"汽车不是工业产品，而是'每个人的珍爱'，是引发人们购买欲的商品。""人们都爱享受兜风的乐趣。""年轻人不买车的现象只出现在发达国家。""在许多发展中国家，年轻人的梦想就是拥有一辆私家车。印度和非洲也是销售汽车的潜在市场。"

许多汽车公司的决策层都非常固执地抱有上述想法。

这些汽车公司的高层管理者从小就对汽车非常感兴趣，所以才进入汽车制造公司。他们认为所有的人都和他们一样爱车。这就是心智模型陷阱。

汽车公司的决策层认为，人们对汽车的购买欲和驾驶的乐趣是永恒不变的，并将其视为"真理"。他们过于夸大了汽车产业的发展前景。

但是，年轻人与他们的想法完全不同："汽车只是出行的手段，使用共享汽车就足够了。""开车很痛苦，开车时不能使用手机，一旦出了事故还很麻烦，所以能不开车就不开车。"

在不久的将来，当下年轻人的价值观就会成为社会全体的价值观。全世界伴随着智能手机一起长大的千禧一代都喜欢智能产品并反对浪费。

非洲的马赛人直接跳过了固定电话和非智能手机的发展阶段，直接进入了智能手机时代，每个人都对智能手机了如指掌。可以想象，在无人驾驶的共享型私人通勤车进军非洲后，很有可能会形成一种个人通勤文化。

在卢旺达，无人机专用机场 Droneport 正在建设中。用于专门用途的无人机的最大负载是 100 千克。过去的成功经验告诉人们："要想富，先修路；先卖两个轮子的，再卖四个轮子的。"但是，这些经验已经不再适用于当今的时代。

并非汽车公司的谷歌就不会陷入这种心智模型陷阱。谷歌的无人驾驶汽车并没有方向盘，就算是司机想自己驾驶也驾驶不了。谷歌认为，无人驾驶是一种新型的交通体系，其前提并不是把汽车作为个人的私有物品。

IT 界人士都追求高效，反对浪费。驾驶的时候既不能看手机又不能工作。在硅谷，大部分人都乘坐公交车上下班。因为开私家车很容易堵车，驾驶已经变成了一件苦差事。

企业越是历史悠久，就越容易陷入心智模型陷阱，进而导致创新举步维艰。

◼ 企业分析师出于好意却击溃了创新者

即使避开了心智模型陷阱，启动了创新项目，大企业里面的分析师仍会出于一番好意而击溃创新者。

任何企业都是从零开始起步的。创业者们通过自己的智慧和努力创造出拥有革新性价值的产品和服务，这是大企业所没有的。这些产品和服务的价值得到市场的认可之后，企业就会不断发展。

就这样，在企业初创时，创业者们重视的价值观可以用"挑战""创造"和"独特"等词语来形容。他们擅长的正是打破固定的思维模式。

但是，随着事业不断步入正轨，企业在不断发展的过程中，企业中的分析师们会越来越活跃。

分析师们所秉持的价值观是"秩序""安定"和"效率"。他们通常拥有工商管理硕士学位，擅长 SWOT 分析 [①]。他们非常重视企业的效率和标准化生产，企业也因此扩大了规模。之后，他们得到企业的奖励，不断向决策层晋升。不久，擅长理论和分析的分析师就占据了决策层的半壁江山。这些从分析师晋升上来的高管最害怕的就是失败和承担责任。他们相信所有的问题都能通过理论和分析来解决。

---

① 企业经营战略制定方法之一。其具体做法是从 Strengths（优势）、Weaknesses（劣势）、Opportunities（机会）、Threats（威胁）这四个方面分析当前组织内部和外部的情况，再根据分析结果制定最佳经营战略。

决策层怀着好意，对试着开发划时代的全新产品或服务的创新者们接连提出对方无法回答的问题："顾客需求如何？""预计销量多少？""开发时间多久？"

创新者们要开发的是世界上谁都没有见过的全新产品或服务，许多信息都还未知，因此创新者只能回答"不知道"。

但分析师出身的决策层不会认可这个回答。他们认为："怎么会不知道呢？经过调查分析不就能知道吗？""就算不能得出精确结论，至少要提出一个假设！"

话已至此，创新者们只能随便写一个开发计划或工作计划，以此蒙混过关。过了不久，决策层又会指责："怎么没有赶上开发日程？""预算与开发进度根本不一致！到底是怎么回事？"最后，决策层一定会把他们最擅长的理论和分析搬出来，彻底浇灭创新者们挑战与创新的热情。

为了创新不断进行尝试并体验失败的过程不叫失败，而叫学习。只有在失败中不断学习，才能不断完善创新项目。只要产生一个关键的构想，就有可能获得巨大的突破，创新的价值也会迅速提高。

但是，就连创新者本人也不知道究竟何时才能取得突破。投入的时间和成本并不与成果成正比。

而分析师擅长的工作往往可以用函数来表示时间和成果之间的关系。分析师根据自己熟悉的工作法则给创新者提出建议。他们完全出于好意，但他们的无知十分可怕。

最终，忍无可忍的分析师叫喊道："赶快放弃吧！"创新者和分析师都难以承受巨大的压力，最后创新项目只能不了了之。

就这样，创新总是止步不前，企业只能在现有产品和服务的生命周期里渐渐衰退，直到破产。

没有人愿意承担责任的"大企业病"和决策层的"计划至上主义"会把企业逼上穷途末路。

◼ 日本的人事制度排挤创新者

日本的人事制度在设计层面就是排挤创新者的。

"创新？虽然不知道创新是什么，但我们公司的人应该是干不了的。想在我们公司多拿工资，你觉得应该怎样做？最重要的是在人事考核中不断取得高分。为此，你只能对上司唯命是从，以提高上司对自己的打分。人事考核表上可没写着"跨部门改革和创新"这一项。大家都想多挣钱，都想涨工资，没办法啊！"

这是一家日本大型电器企业前任高管说过的话。

如果人事考核得分下降，员工就会被贴上"工作能力差"的标签，就得不到优秀的下属。这样一来，工作更不易出成果。所以，在日本企业中，在人事考核中取得高分至关重要。

还是刚才那位高管，他像一名批评家一样分析了晋升的捷径，并做出了理论性的解说："不要做任何多余的事情，只需对上司唯命是从，保持人事考核成绩取得高分。只有这样，你的工作能力才能得到大家的认可，人事部才会给你派来优秀的下属。之后，只要把工作交给下属完成，再把他们取得的工作成绩全部据为己有，就万事大吉了。这是员工在大企业晋升的最佳路线。"

这家企业本应是引领日本发展的大企业，但这样的晋升体系根本不可能催生创新。这家企业根本不存在鼓励创新的人事制度。

那么，如果大企业设立了新的工作目标，要求员工开发新项目，这时又该怎么办呢？

负责新业务的高管会下达这样的指令："新项目的不确定性很高。但由于形势严峻，因此不允许失败。既然要开发新项目，就必须成功！"

"必须让具有高度不确定的项目成功"简直就是自相矛盾。

企业精英的人生里没有"失败"二字。对他们来说，成功开发新项目、为社会创造新价值并没有多么重要，避免失败才是最关键的。

为此，他们把精力都花费在彻查、排除风险上面。他们在分析调查结果、撰写商业计划书上挥霍了大量时间，但就是不愿采取行动。因为如果自己主动决定了行动方向，万一失败就要独自承担责任。所以，他们非常慎重地做好各个部门的工作，目的就是营造出一种氛围，让人们觉得"这是大家一起决定的事情，一旦出了事谁也不能负全责"。不到那个时候，这些精英是不会作出最后决定的。

就算是掌控一切的董事长也不敢擅自作出决定。就在这些人互相推诿的时候，又有新的创新型企业进入市场，抢占了先机。

最后，由于错失时机，新项目还没启动就不了了之，留下来的只有一本厚厚的项目计划书。因为根本没有开始，所以失败和终止也就无从谈起。新项目负责人不用承担任何责任。他们只会长吁一口气："好险，逃过一劫！"

而那些创新型企业的企业家们有着完全相反的思考和行动模式：在思考之前，先进行实践、经历失败，再从失败中吸取教训，不断改进做法。他们不断重复这个过程，使自己的事业日趋完善。

他们不会从一开始就发布完美的产品和服务，而是会尽快推出升级版，以极高的速度缩短学习周期，将产品提升至更高的档次。

这才是创立新事业的正确方式。

以最快的速度完成学习才是通往成功的捷径。不应该以投资回报来衡量创新者，而应该以学习的速度来衡量他们。

◘ 日本人的性格特点阻碍创新

和其他国家的人相比，日本人拥有以下两个鲜明的特点：

- 勤奋且拥有很强的责任感；
- 对同事非常忠诚，为了帮助他们甚至会做一些超过自己工作范围的事情。

日本人之所以会形成这样的特点，是因为日本的历史和国民性格。日本是岛国，长期以来，人们必须齐心协力才能完成农活。祖先留下来的智慧和教育方式教导人们只有团结一致才能生存下去，这也造就了当今日本人的性格。历史和国民性格是无法改变的。

从小大人就教导我们"不可以说谎""不要给别人添麻烦""功到自然成"。

日本是集体主义国家。在这个国家里，如果听到别人斥责自己"你太对不起同伴了"，自己的内心就会十分愧疚。

如果斥责一个来自个人主义国家的人"你太对不起同伴了"，他只会回答你"那又怎样"。

正因为日本人拥有这样的性格特点，才使制造业进入了以"整体式架构"①为主流的时代，并使日本制造的产品物美价廉，促进日本实现了高速的经济成长。

不论是建设新干线、核电站等基础设施，还是制造工业机器人等复杂的电机一体化设备，都需要遵从"整体式架构"的原则。因此，日本人可以充分发挥自己性格特点的优势。

---

① 一种将已经完成的高性能零件组装成产品的设计开发模式，与"组合式架构"相反，它是以零件为单位相互磨合、协作，以达到最高性能的设计开发模式。像汽车这种具有复杂结构的产品，为了得到某种性能，必须要求所有的因素达到最佳配合，因此最适合采用"整体式架构"。

日本东丽集团花费 40 年的时间实现了碳纤维材料的产品化，岩谷产业则用长达 80 年的时间完成了氢燃料项目。日本人的性格特点非常适合开展这种需要极长周期的研发项目。

勤奋、有责任感、注重团队合作等性格特点使日本人能够长期从事高质量的研发活动。不论是以前还是现在，日本都能拿出震惊世界的成果。

然而，换一个角度来看，日本人的这些性格特点有时也会变成"因为责任感很强，所以会害怕失败""因为过于考虑同事的感受，所以决策时不重'合理'而更重'情理'"等消极因素。

由于一味地纵容自己这样的性格，日本人在产品生命周期短、需要大量设备投资的家电行业与半导体行业中节节败退。

在这些领域中，仅仅拥有责任感并在生产现场勤奋工作是远远不够的，更重要的是大胆、迅速地进行设备投资，并提出优秀商业模式设计。决定成败的不是生产现场的工作能力，而是经营头脑。

三星、苹果、富士康、小米①等企业都拥有优秀而强势的决策层，他们都能果断、迅速地作出决策。不要指望那些从普通员工晋升上去的高管能够果断地作出决定，这太难为他们了。

大部分日本企业的决策者都是在大学毕业后进入企业，从普通员工一步一步晋升上来的。他们都十分了解生产现场，但也因为过于了解生产现场，导致他们无法大胆地改变企业的方向。

在经济高速发展时期，只要坚持走"反复改进生产流程、扩大生产量、提高产品质量"这条路就万事大吉了。在那个时代，从企业内部晋升上来的

---

① 中国手机制造商，总部在北京。小米量产的高配置低价手机在中国成了热门产品。小米手机在中国的市场份额曾一度排名第一，被称为"中国的苹果手机"。

决策层对生产现场了如指掌，他们考虑问题细致入微，有效地增强了生产现场的忠诚度和道德观。

终身雇用制、年功序列工资制和企业工会制这三大利器使员工对企业忠心耿耿，促使劳资双方融为一体。企业中的每一名员工都成了"经济动物"[①]，而企业则变成了由无数此类员工组成的战斗军团。这些企业不断努力，使物美价廉的"日本制造"产品席卷全球。

然而，一旦企业进入商业模式变革期，从企业内部晋升上来的决策层对同伴和生产现场的感情就会成为绊脚石。他们过于顾忌同伴和前辈们的感受，害怕遭受批评，所以无法放弃已经失去了竞争力的业务。

为了保护经销商等相关企业，他们只好延缓物流改革等必要措施，接连作出一个又一个的错误决策。

◻ 卡洛斯·戈恩的变革理论

让我们来看一看 1999 年日产的惨状及其日后经历"V"字形反弹所获得的成绩，就能理解由企业内部晋升上来的决策层存在的问题和专业决策层的优势。

1999 年，日产因为想要超过竞争对手丰田，作出了很多错误决策，造成自身产品种类过剩、产能过剩、零件采购成本过高，最终陷入了 6844 亿日元的赤字危机，眼看就要破产。尽管企业高层已经认识到了改革的必要性，但一旦发起改革就意味着否定前辈们的功劳，关闭同事们所在的工厂。比起"合理"更看重"情理"的高层们不忍心这样做，只好将必要的改革一再拖延。

雷诺为了救助日产，不仅提供了资金支持，还派卡洛斯·戈恩（Carlos

---

① 对在国际社会中奉行利己主义、一味追求经济利益的日本人的讽刺称呼。

Ghosn）进入日产担任 COO（首席运营官）。

卡洛斯·戈恩为了重振日产，并没有理睬决策层的意见，而是直接跨部门召集活跃在生产一线的课长们组成专门小组，也就是所谓的"多功能型团队"（Cross-Functional Team）[①]。该团队的主要任务包括降低采购成本、缩短开发时间、改革会议体制等九大项。

卡洛斯·戈恩在制定团队运营方针时，要求成员重"合理"而轻"情理"。

他说："解决问题的方案就隐藏在企业当中，不是去发明，而是要去发现。""请给我这个世界上的最佳方案。""企业要做到零禁区、零禁忌。就算是日产董事长和 CEO 亲手建立的事业，我也会毫不犹豫地要他们提出最佳方案。"

生产一线的课长们遵循"零禁区""零禁忌"方针，提出了最佳方案。卡洛斯·戈恩谨慎地收集这些方案，并采取了行动。他关闭了日产在日本的数家工厂、整改关联交易，最后削减了 20% 的采购成本。

结果怎样呢？

1999 年深陷 6844 亿日元赤字危机的日产，到 2000 年就达成了 3310 亿日元的财政黑字，正可谓"V"字形反弹。

卡洛斯·戈恩回忆当时的情景时说："日产的决策层对经营数据一问三不知，这让我感到十分震惊！"

哪种车型在哪个地区盈利最多？竟然没有一位高管能回答上来。

工厂被关闭，厂长哭诉道："我们如此辛勤地工作，到底错在哪里？"

他们一点也没错。

---

① 指为了找到问题的解决方案，管理者跨部门召集各类人才组成的团队。横跨多个部门、共享专业知识和经验的多功能型团队可以改善死板的组织结构、变革企业体制。

改变就意味着要伤害一些人。如果一味地看重人情世故，改革就迟迟不会到来。如果不及时进行改革，日产早晚会迎来大量关闭工厂、大量裁员的那一天。

日产的改革有没有可能由企业内部晋升上来的决策层来完成呢？

也不是不可能，但这要求他们必须拥有过人的胆识，敢于直面来自前辈、客户和同事的批判。卡洛斯·戈恩之前没有被人情世故所困的经历，所以才能大胆实行改革。

◘ 日本企业创新的关键：让整个决策层团队成为卡洛斯·戈恩

日本企业创新的关键就是让整个决策层团队成为卡洛斯·戈恩。

让我们再次把目光投向"方轮子工坊"。

从外部派过来的卡洛斯·戈恩不会陷入日产僵化的心智模型，所以他能迅速看到日产这辆方轮车的整体状况。

卡洛斯·戈恩向企业展示了一个明确的目标，要求生产一线的课长们遵守"零禁区""零禁忌"的原则，并向他们索要世界上最圆的轮胎（最佳方案）。就这样，戈恩谨慎地将方轮子换成了圆形轮胎。他重"合理"轻"情理"，从全局的角度考虑问题。结果，他在不到一年的时间里就使日产成功完成了改革，实现了完美复活。

日本企业非常缺少像卡洛斯·戈恩这样的管理者，所以日本企业只能让整个决策层团队成为卡洛斯·戈恩。

不论是在前面拉车的人，还是在后面推车的人，都要正确认识旅途的全景（将来的环境变化）和货车整体状况。所有的相关人员必须暂时停下脚步思考未来，决定自己将要去往哪个美丽的城市（任务和前景）；然后，停下货车，将方轮（过时的商业模式和技术）换成圆形轮胎（最新的商业模式和技术）。

如果所有的相关人员停下脚步，共同思索几十年后的未来，就能顺理成章地发现当前企业急需解决的问题。

改革总会伴随着伤痛，但如果一味地拖延，未来只会更加悲惨。明白了这一点，就不难下定决心了。

选人是关键。如果整个决策层团队都是由年近退休、保守固执的高管组成的，那是讲不通道理的。

在未来的几十年里，会出现许多必须到公司上班的年轻人。即使他们失败了，也有足够的时间休整恢复。将那些在生产现场颇有威望的领导者们集结起来，就可以提出大胆的改革愿景。

如果能集结生产现场的领导者并向他们提出改革的愿景，就不必经历"让所有人都了解公司的愿景"这一阶段。这是因为在提出愿景的同时，已经完成了让愿景向企业内部渗透的过程。

进行改革的不应该是决策层，而应该是生产现场的领导者。

有句格言道："没有人会洗借来的车。"因为借来的车终究是别人的，所以自己不会去洗。

人们自身参与并发起的改革是"私家车"。因为是自己作出的选择，所以他们对改革了如指掌。即使没人提出要求，他们也会主动地清洗这辆"私家车"。成功改革的关键在于进入实践阶段之前召集拥有改革精神的人，共同提出改革的愿景。

卡洛斯·戈恩说："解决问题的方案就隐藏在企业当中，不是去发明，而是去发现。"

第 **11** 章

日本企业的成功
创新公式

◨ 强烈的使命感·创新型商业模式·强大的行动能力和学习能力

日本人特有的长处有：

- 勤奋且拥有很强的责任感；
- 对同事非常忠诚，为了帮助他们甚至会做一些超出自己工作范围的事情。

下图所示的成功创新公式可以充分发挥日本人的长处。

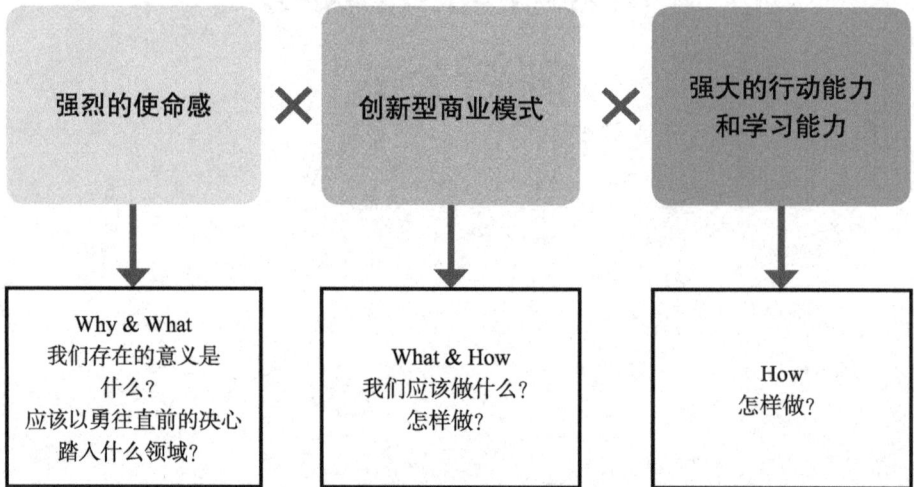

强烈的使命感	×	创新型商业模式	×	强大的行动能力和学习能力
Why & What 我们存在的意义是什么？ 应该以勇往直前的决心踏入什么领域？		**What & How** 我们应该做什么？ 怎样做？		**How** 怎样做？

日本企业的成功创新公式

当"强烈的使命感"和"创新型商业模式"遇到"强大的行动能力和学习能力"时，创新的成功率就能发生质的飞跃。

从强烈的使命感中产生的是"集体任务"（存在意义）。

日本人很勤奋且拥有很强的责任感，不在乎个人利益而重视"对同事的责任感"，所以在工作中能够做到尽心尽力。而日本大企业不可能像对待硅谷的企业家们那样对待上班族，不可能用巨额工资来激发他们工作热情。

企业中的创业者推动创新的动力就来自于他们对同事和社会的强烈的使命感。如果使企业全体员工都能产生这种强烈的使命感，那么就可以充分发挥日本人的优点，使负责创新的团队得到同事们的鼓励和支持，让他们在工作中全力以赴。

成功的关键就是坚持到底、永不言弃。只要不放弃，就一定能成功。

如果能发现一个主题，使人产生坚持到底、永不言弃这种强烈的使命感，创新的成功率就会迅速提高。

为了让人产生强烈的使命感，就必须从问为什么开始：

- 我存在的意义是什么？
- 我们存在的意义是什么？
- 应该以勇往直前的决心踏入什么领域？

当个人存在的意义和团体存在的意义一致时，企业中的创业者就会成为创新者。

为了让一支团队成为卡洛斯·戈恩，团队全体成员需要共同挖掘"我们的任务"。

如果不问为什么，就会早早败下阵来。

创新项目启动后，一定会遇到重重困难，仅靠纸上谈兵是绝对不行的，创新就意味着面对周围劈头盖脸的批判。大企业的创新项目似乎与普通项目别无二致，但是，如果只把它当成一个普通项目来看待，企业又会觉得十分划不来。

这时，如果项目负责人没有强烈的使命感，就会找各种托词，要求上级赶快发出指示，好让自己终止项目。

启动一项新事业不能只靠一时兴起，盲目跟风只会把自己引入险境。第二次世界大战结束之后，日本大约有 300 多家摩托车企业，而现在上规模的摩托车企业仅剩 4 家。

如果一个项目不能使企业的所有员工产生强烈的使命感（责任感），那么从一开始就不应该启动这个项目。

◘ 正确定义使命，确保企业长存

为什么生产唱片机的企业都销声匿迹了？

因为它们把企业使命确立为"制造高音质唱片机，让人们在家里欣赏自己喜爱的音乐"，所以倒闭了。

怎样才能使一直以来致力于生产唱片机的公司一边舍弃现有的业务，一边开发出像随身听甚至 iPod 和 iTunes 这样的创新型产品呢？

如果这些企业把自己的使命确立为"让音乐丰富人生"，也许就能逐渐放弃现在的业务，创造出随身听甚至 iPod 和 iTunes。

唱片机能够提供的价值是"让人们在家中欣赏自己喜爱的高音质音乐"，但这不过是"让音乐丰富人生"的一部分内容。

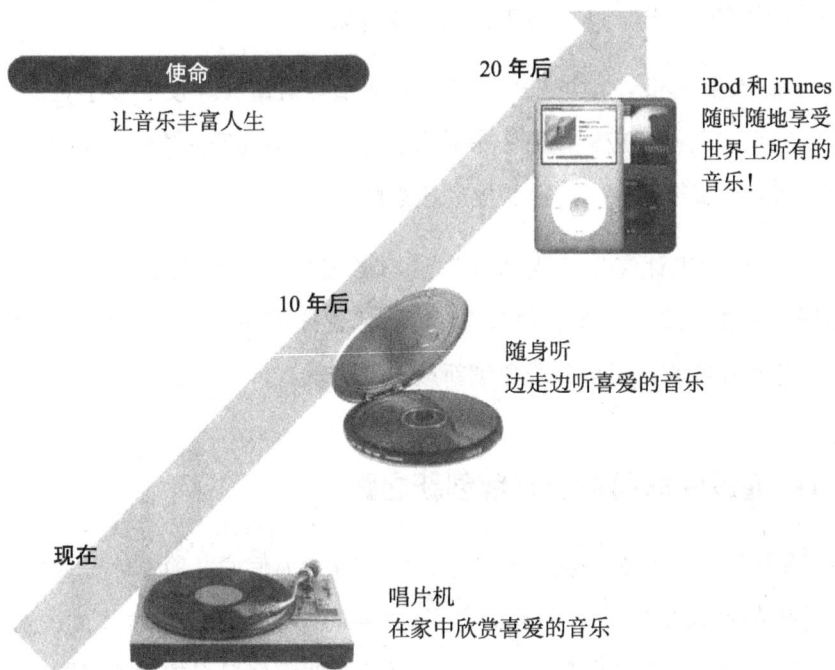

使命

让音乐丰富人生

20 年后

iPod 和 iTunes
随时随地享受
世界上所有的
音乐！

10 年后

随身听
边走边听喜爱的音乐

现在

唱片机
在家中欣赏喜爱的音乐

提高创新成功率的价值开发导图

随身听的价值是什么呢？是"边走边听自己喜欢的音乐"。

如果现在是一个只有唱片机的时代，那么"边走边听自己喜欢的音乐"就是人们急需的价值。

iPod 和 iTunes 为人们带来的价值是"随时随地享受世界上所有的音乐"。

技术开发导图对企业来说固然很重要，但价值开发导图的作用也万万不可小觑。在价值开发导图的引领下，企业可以一边舍弃现在的业务，一边开始开发随身听、iPod 和 iTunes、付费在线音乐等创新型业务。

制约是创新之母。如果把创新比作高尔夫，那么使命就是球飞向旗杆（愿景）时的球场边界（制约）。当你站在高尔夫球场的发球区域环顾四周，只会看到一望无际的草坪，却看不到球场边界。因为此时毫无头绪，所以就姑且朝某个方向先打一球，结果什么也没做成。

"丰富人生"和"为全人类谋取物质和精神财富"等使命过于宽泛，企业难以进行与之相适应的创新，最后只会陷入这样的恶性循环：在相关领域毫无头绪地开展新事业，一旦受挫就接连败退。

"通过唱片机让音乐丰富人生"这样的使命着眼点太小，导致企业难以根据环境变化及时变革。将使命确立为范围适中的"让音乐丰富人生"，既能提升开发价值，又可以避免创新成果偏离轨道。

▣ 通过使命再发现开辟创新之路

正是因为唱片机公司把"制造唱片机"确立为使命，所以这些公司才随着唱片机的产品生命周期一起消亡了。"丰富人生"这一使命又过于宽泛，难以进行与之相适应的创新。其实，大部分企业都将自己的使命范围定得不是太窄就是太宽，没有给创新一个适度的制约。

让我们思考这样一个使命：做出快捷、经济又美味的牛肉盖浇饭。从日本的经济高速发展期到经济泡沫破裂前这段时期，这一使命为人们提供了极大的便利。

"24 小时工作不停歇！ Regain[①]！"这款饮料和牛肉盖浇饭为工薪族提供了充沛的能量，它们都是完全符合时代要求的产品。

现在，日本已经进入少子化和老龄化社会，情况出现了怎样的改变呢？"快捷、经济又美味的牛油盖浇饭"这一使命还有前途吗？

对企业来说，使命再发现是十分有必要的。为了找到新的使命，企业

---

① 一种能量饮料。——译者注

就必须了解自身在过去创造的价值和值得自豪之处，然后才能意识到这一点："我们一直以来提供的并不是牛肉盖浇饭，而是人们在那个时代急需的大众饮食。"

如果能够再次发现"提供大众饮食"这一使命，企业就不会随波逐流，就一定能找到适合自身的创新发展路径。

在少子化、老龄化的社会中，人们喜爱的大众饮食是什么呢？不正是健康食品吗？一个创新的主题就这样诞生了。

发现创新主题之后的任务就是为了开发新价值而不断试错。

使健康寿命无限接近于平均寿命是日本社会的一个重要课题。因此，企业不仅要开发健康的大众饮食，还要提供适合不同人体质的健康饮食。这种"能够解决社会问题的创新方案"可以为企业开辟新的发展道路。

日本曾有三家企业制造银行专用的金库。因为每家企业的价值和值得自豪之处都不同，所以它们的发展轨迹也截然不同。

第一家企业认为自己的价值和值得自豪之处是"为客户减轻操作上的负担"，后来转型为 ATM 制造商。第二家企业认为自己的价值和值得自豪之处是"让客户感到安全和放心"，于是转型为建筑安全公司。还有一家企业认为自己的价值和值得自豪之处是"保护贵重物品"，就开始扩展业务，生产美术馆专用的金库。

生产银行专用的大型金库和生产 ATM 在技术上毫无联系。企业不应该把创新的重点放在技术上，而要放在能够体现自身价值和值得自豪之处的业务上。

请仔细想一想自己公司的使命，它是否已经不再适用于当今的时代？

像"成为旅游代理商"这样的使命是没有未来的，如果能找到一个能够给人们带来相遇和感动的使命，就会创造出一种旅游之外的新服务，使之既符合多元化的价值观，又能够给人们带来相遇与感动。这也是一种"鼓励自我实现的创新"。

"开设百货商店"这一使命也避免不了消亡的命运。不过，如果把企业的使命确立为"为顾客提供众口称赞的高质量商品"，就不难把目标从物质消费转移到精神消费上。只要企业用心思考，实现创新便如探囊取物。

"制造与销售汽车"这一使命迟早会因为共享经济和无人驾驶技术的发展而退出历史舞台。

如果能够再次发现"面向大众的个人出行服务"这一使命，就可以引领企业为解决社会问题而不断进行创新，通过无人驾驶电动汽车（EV）向人口稀少地区的老年人和残疾人士等弱势群体提供出行服务。

第四次工业革命就在眼前，人们的价值观正在发生巨大的变化。所有的企业必须重新思考自身的使命。

◘ 在核心技术上展开创新的事例——富士胶卷

每当我说到"企业要以自身价值和值得自豪之处为核心重新寻找新的使命"时，总会有人拿富士胶卷的事例反驳我。当然，如果你所在的企业属于高科技研发型企业，完全可以把技术作为创新的核心。

例如，富士胶卷拥有很先进的纳米技术。为了制作高质量银盐相片，富士胶卷使用纳米技术制造胶卷中的胶原蛋白。后来，富士胶卷为了拓展业务，就将这种技术应用到了化妆品和液晶电视高性能材料的研发中。

但是，如果你的企业以加工制造为主要业务，那么你就应该认识到，现在能够通过提高技术水平来开辟的新领域已经所剩无几。

最先消亡的领域将会是土木建筑，紧随其后的是石油化工。现在，机械工程也正在消亡。不久之后，电器制造也会消失，最终能够存留下来的只有软件、服务、纳米技术、机器人技术、基因工程、宇宙资源开发等领域。

如果你的企业以生产制造为主要业务，并且是以纳米技术、机器人和基因工程为主要业务的高新技术企业，那么你完全可以将你的企业定位为研发型企业，放心大胆地去搞技术创新。但据我所知，大部分企业都是低端技术企业，它们之所以还能苟延残喘，只是因为长期以来一直在贸易上受到保护而已。

上文曾提到，一家以前制造银行专用金库的企业以"为客户减轻操作上的负担"为己任，转型为一家 ATM 制造商，而金库和 ATM 在技术上没有任何联系。因此，我建议企业以自身价值和值得自豪之处为核心，不断探索能够引领未来的新使命，在各种制约条件中自强不息，锐意进取，勇敢创新。

◘ 让你再次发现使命的创新营

我所经营的公司 Work Happiness 可以为其他企业提供一个找到新使命的机制——创新营。

其具体形式是为期两天的集训，参加人数为 10~30 人。

全体成员共同探讨以下三个主题，并通过思考寻找团队的新使命：

- 每个参加者都要回顾自己的人生，分析自己的价值观；
- 回顾公司历史，分析公司的价值和值得自豪之处；
- 探索全世界在技术和生活方式等方面呈现出来的变化趋势。

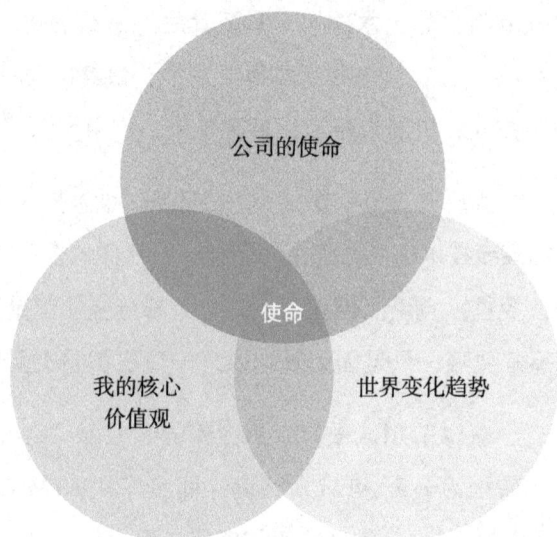

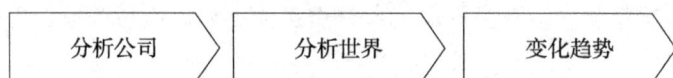

在创新营中探讨的三个主题

在"回顾人生"这个环节中，每个人都要思考以下问题：

• 当你还是孩子时，曾经全身心投入地做过哪些事？

• 最能使你感受到自身价值的事是什么？

• 对你来说，什么样的人生才称得上是充实的人生？

成员们通过思考上述问题深度挖掘自我，最后再思考下面这个问题：

• 如果你身体健康、家庭幸福美满、家财万贯且没有必要出去工作，那么你还会想要些什么？

这个问题的答案就是你的核心价值观。核心价值观是决定每一个人善恶美丑的价值观。世界上没有绝对正确的事物，正确与错误都是相对的概念。没有绝对正确的价值观，重要的是找到能够让自己感受到幸福的价值观。

　　史蒂夫·乔布斯喜爱音乐，并认为简洁即美，硬件只是用于欣赏的艺术品。比尔·盖茨认为 PC 是提高工作效率的工具，所以必须具备实际用途。后来，史蒂文·乔布斯创造了 iPhone。比尔·盖茨开发出了能帮助人们提高工作效率的办公软件 Office，还经营着慈善基金，为消除世界上的饥饿和疾病贡献着自己的力量。

　　创新营的全部参加者通过分享自己的人生经历与核心价值观，相互之间建立起了信任关系。如果成员们能够找到相同的核心价值观，就可以把它作为团队的核心价值观。这个核心价值观将会决定团队的使命和发展前景的正确性与美感。

　　下一步需要思考的就是自己公司的历史。在这个环节中，公司全体员工将公司数年的历史制作成一张巨大的年表，以便回顾日本和世界的历史以及自己公司的历史。团队成员们一同回顾成为公司转折点的好事和坏事，并邀请当事人谈谈当时的心情，然后分享给大家。

　　"那时你看到了什么？""听到了什么？""有什么感觉？"这些问题将由当事人一一回答。这一环节可以拉近老员工与新员工之间的距离，让他们在感情层面上分享公司一路走来的风风雨雨。

　　然后，团队继续回答以下两个问题：

- 公司创造了什么样的价值？
- 公司有哪些值得自豪之处？

　　未来是在历史的基础上建立起来的。只有弄清自身价值和值得自豪之处这两个基本问题，才能站稳脚跟，直面严峻的未来。

　　第三个主题是世界的趋势：

- 技术呈现出了什么样的变化趋势？

- **人们的生活方式呈现出了什么样的变化趋势？**

Work Happiness 公司可以提供大量有关技术变化趋势和生活方式变化趋势的信息。在这些信息的基础上，创新营参加者可以将自己身边出现的明显趋势总结为一张巨大的思维导图。

我们生活的这个世界是一个相互关联的复杂系统，许多事物看似毫不相关，但仔细观察就能发现隐藏于其中的主流趋势。违背主流趋势是不可能取得成功的。要想成功就要把握潮流，成为站在风口浪尖上的领航者。

世界正在朝着哪个方向发展呢？

这时就需要汇集众人的智慧，找出乍一看毫不相关的事物中存在的内在联系和趋势，再思考我们在这个趋势中能做些什么和不能做些什么。

然后，我们就可以畅想未来。由于我们对主流趋势做出了正确反应、顺应了潮流，公司定能取得极大的成功，我们就能对理想中的未来畅所欲言。未来不是预测出来的，而是根据理想创造出来的。个人计算机之父艾伦·凯（Alan Kay）曾说："预测未来的最好办法就是去亲手创造一个未来。"

理想中的未来能充分反映每一位参与者的核心价值观与其所在公司值得自豪之处。

每一位成员不仅要听取别人的看法，还要通过实际动手操作、观察并用触觉和各种感官来全方位感受理想中的未来。这个理想中的未来要由在场的全体人员共同创造。

如果能调动各种感官去体验理想中的未来，就不难找到什么样的使命（公司的存在意义）能将我们带入这个未来。

制约是创新之母。如果知道了是什么样的制约（使命）能将我们带入未来，就能找到现在应该开展的创新项目。

由于无法逃避，所以只能竭尽全力。只要不放弃，就一定能成功。

如果全体成员共同发现了一个创新主题，而且让他们产生了成功之前绝不放弃"的念头，那么创新团队就会因得到同伴们的支持而产生强烈的责任感。

对勤奋且拥有很强责任感的日本人来说，举办创新营恐怕是推动创新的最佳解决方案。

用人很重要。指望当前的决策层是不可能成功的。未来，他们对公司的责任感将所剩无几。正确的做法应该是召集在生产现场且有威望的精英们共同探讨公司的未来。他们现在三四十岁，未来仍然会为公司效力。

在创新营中，最后一个问题是："你的人生使命是什么？"

创新是由创新者完成的。当公司的使命和个人的使命一致时，这个人就会成为创新者。在共同寻找新使命的过程中，就可以发现多位年轻的创新后备军。

创新者是指企业内部的创业者。真正的创新者不在大企业里，而在社会上为了创业而到处奔波，因此他们根本不会来大企业应聘。所以，企业只能将有潜力的创新后备军培养成真正的创新者。可见，创新后备军具有非常重要的价值。

企业决策层的工作就是敏锐地发现年轻的创新后备军，尽可能地为他们提供支持和帮助，将他们培养成真正的创新者。决策层应该把自己当成是企业的 VC（风险投资人），大胆地向创新后备军提供风险资本（人力和财力）。

◘ 理想的产业模式

当"强烈的使命感"和"创新型商业模式"遇到"强大的行动能力和学习能力"时，创新的成功率就会迅速提高。

再次发现企业使命之后，创新团队要以百折不挠的决心来确定创新的领域，并在这一过程中产生强烈的使命感。有了强烈的使命感之后，下一步就是建立创新型商业模式。

即使企业满腔热忱，如果商业模式已经过时，也不可能为社会作出多少贡献。

在明治维新时期，日本企业之父涩泽荣一带领日本走向了现代化。他提出了"论语与算盘"这一重要理念，"论语"是指想为社会作出贡献的愿望，"算盘"则是指先进的商业模式设计。这两大支柱为社会创造了巨大的价值。

当代的"算盘"就是创新型商业模式。

本书在第一章里已经对创造附加价值的微笑曲线进行了说明，附加价值基本上全都是在规划阶段产生的。

即使推出创新型的产品和服务，企业能得到的利益也不过只是一时的。最重要的是整个事业的设计，也就是商业模式设计。而且，在这个过程中，企业必须熟练地利用智能手机、AI、机器人、3D 打印等最新技术。

学习了大量最新的商业模式案例后，企业就可以有效地建立创新型商业模式。饱览众多商业模式有利于提高企业建立商业模式的能力。最后，我们会发现一个规律：所谓的创新型商业模式不过就是发现新的组合而已。

iPod 和 iTunes 为音乐的存在方式带来了创新。它们的本质不过是一种不同寻常的组合——将已经存在的 MP3 播放器、音乐下载管理软件和提供音乐资源的唱片公司组合起来，其中并没有任何技术创新。

但是，史蒂夫·乔布斯用这样的组合迅速使人们过上了丰富多彩的音乐生活。他构思并实现了一个创新型商业模式，以"让人们随时随地享受世界上所有的音乐"为主旨推出了创新型产品。

奈飞公司在推出付费视频无限观看服务后，迅速风靡全世界。它之前只是一家 DVD 租赁公司。但它凭借"视频＋互联网"这一组合，一跃成为娱乐界的创新者，甚至威胁到了有线电视台和无线电视台的生存。

◘ 充分运用商业模式金字塔，强化创新思维和创造力

为了更好地说明什么才是优秀的商业模式，下面我来介绍一下 Work Happiness 公司开发的商业模式金字塔。

商业模式金字塔由公司使命、事业前景、事业理念、顾客、提供的价值、提供手段、环境因素等因素构成。

发源于美国的 Instacart 的理念是"通过建立闲人网络帮人跑腿买东西"。下面以它为例进行说明。

该企业的使命、前景和价值提供模型全都体现在下图所示的商业模式金字塔中。

存在意义

利用互联网消除日常生活中的不便，丰富人们的生活
（创始人原先是亚马逊的供应链工程师）

产品或服务前景
（提供的价值或解决的问题）

减少人们买东西的烦琐步骤，帮人们节省时间
（人们可以在网上买到任何东西，
为什么只有食品必须要亲自到超市去买呢？）

理念和价值提供模式

代买服务：在网上下单，网络化的闲人们（买手）就会到
附近的超市购买下单者所需物品并送货上门

为谁？	什么样的价值？	怎样做？（渠道和合作伙伴资源）
下单者	减少买东西的步骤和时间	闲人网络
	对价值和内容放心	买手评价系统
买手	灵活就业，工资有保障	按需就业
	简化烦琐操作过程	软件用户体验设计
超市	提供增加销量的机会	价格数据库联动

取得成功的环境因素（技术和价值观等）

人手一台智能手机的时代	共享经济普及

无现金结算普及

商业模式金字塔（Instacart 公司）

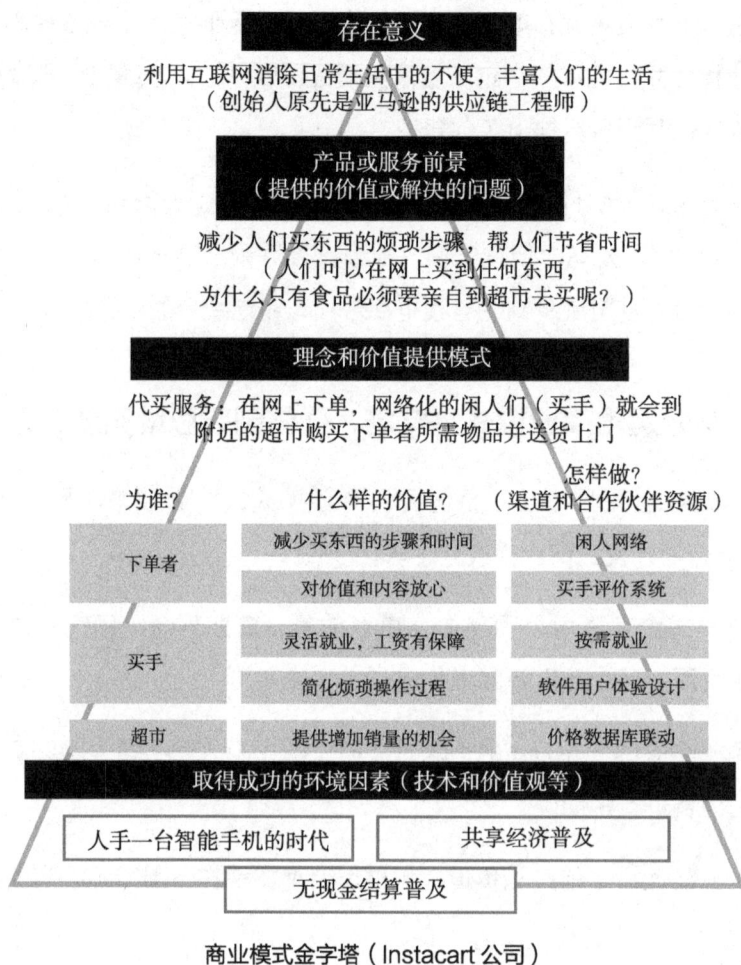

2012 年 7 月，在旧金山成立的 Instacart 已经成为一家知名新兴企业，其业务遍及美国的 19 个州，在 C 轮融资中筹集到的资金高达 2.2 亿美元。截至 2015 年，Instacart 的估值已经达到了 20 亿美元。

Instacart 提供的服务是代买服务。愿意提供代买服务的人注册成为买手后，就能实现组织化。这些买手替顾客买东西，并为顾客送货上门。

Instacart 解决的问题就是减少买东西等日常家务所需的步骤和时间。

实际上，对大多数人来说，购买日用品和生鲜食品的频率非常高，做这些事会花费相当长的时间。在美国的大型卖场里，光是走来走去就已经是重体力劳动了。从这个意义上来说，买手是不可或缺的。

在建立商业模式时，企业可以从顾客那里收取年会费和每次的使用费，还可以向超市收取服务费。

对顾客来说，代买服务减少了日常家务的步骤和时间。对超市来说，代买服务可以提高其营业额。对买手来说，向他人提供代买服务可以让自己获得一笔可观的收入。

Instacart 之所以能成功，是因为它所处的时代背景——"人手一台智能手机""共享经济的普及"以及"无现金结算的普及"。

2000 年时，也曾出现过与 Instacart 类似的公司，其名为 Webvan。该公司曾一度成功融资 2500 亿日元，其 CEO 可谓当时的风云人物，名噪一时。但互联网泡沫破裂后，该公司便悲壮破产。当时，最流行的是个人电脑，智能手机尚未问世，无现金结算也还没有普及。

也就是说，在当年 Webvan 提供的服务太超前了。

在构思商业模式时，重要的是思考它能否适应环境。iPhone 之所以成功，是因为那时已经 2007 年。2000 年，夏普在日本发售了 Zaurus 掌上电脑。如果那时将 Zaurus 和手机组合在一起，苹果公司能否创造出智能手机 iPhone 呢？

答案是不可能。因为直到 2007 年，才出现了一系列复合型技术创新，使通信速度迅速提高，液晶屏幕的耗电量直线下降。

下面再介绍一家名为 Nest 的公司。该企业的使命、前景和价值提供模式见下图。

存在意义

运用互联网技术提高空调的安全性能

产品或服务前景
（提供的价值或解决的问题）

使空调与房间内外的环境联动，让用户放心使用
用空调构建智能家庭系统

理念和价值提供模式

提供智能恒温调节器等系列产品
提供与外部企业联动的功能和服务

为谁？	什么样的价值？	怎样做？ （渠道和合作伙伴资源）
用户	减少空调制冷、制热成本，创造舒适环境	提供各种智能家庭设备
		电力及保险公司折扣计划
	家庭安全	API接口
其他行业人员 （电力、保险和其他智能家居行业从业者）	与所有家庭联动，快捷、便利	接口规格
	提高电力基础设施效率，缩小规模	电力及保险公司折扣计划
	降低保险风险	API接口

取得成功的环境因素（技术和价值观等）

人手一台智能手机的时代	智能家居市场成熟，相关企业数量增加

生态和安全意识增强

商业模式金字塔（Nest 公司）

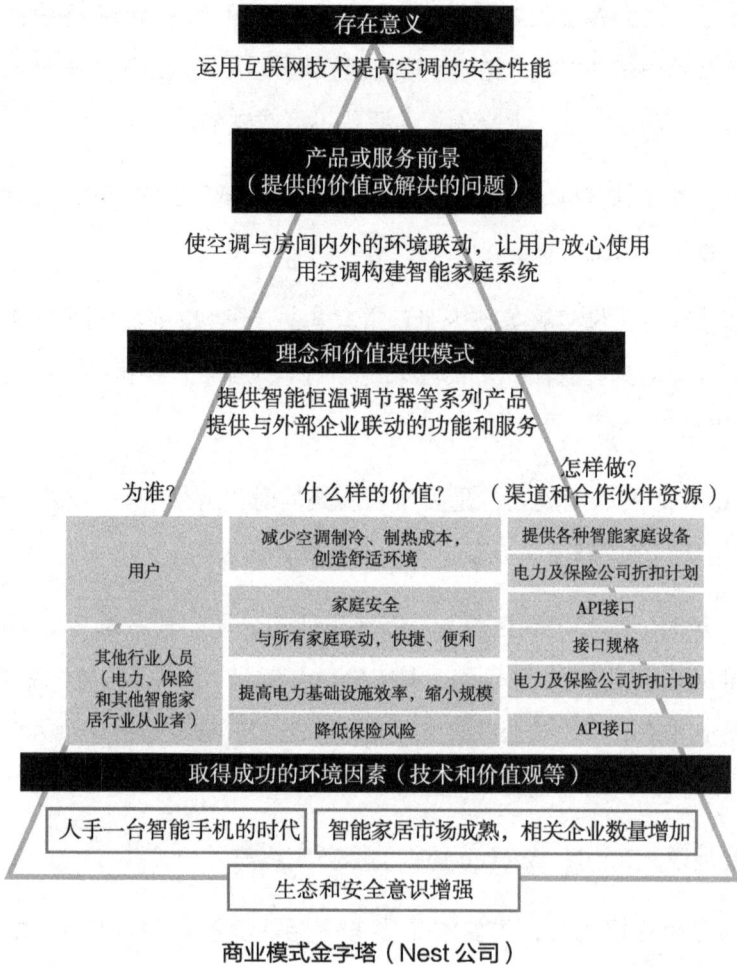

　　Nest 公司的产品不仅能保持室内温度适宜，还能通过家庭安全设备实现联动，为用户带来便利。Nest 公司原来是一家智能恒温器制造商，这类设备可以控制家庭中央采暖设备。现在，Nest 公司早已成为智能家居物联网领域的代表企业。

　　如果用户使用 Nest 公司提供的智能恒温器，半自动控制室内温度自不必说，手机远程操作也不在话下。

Nest 公司有许多合作伙伴，其中就包括美国的电力公司和保险公司。现在它们已经推出了免费提供产品和返利的计划。

例如，"Rush Hour Program"（高峰时段计划）就是它们提供的一项服务，该服务不是由电力公司免费提供恒温器，而是由电力公司在用电高峰时段直接控制用户空调的温度。保险公司还推出了一个项目，只要用户自行购置烟雾报警器和一氧化碳报警器，保险公司就减免用户 5% 的保险费。

智能家居设备的联动有两种方式。第一种方式是 "Work With Nest"（与 Nest 一起工作）。Nest 公司通过开放 Nest 设备的 API（应用程序编程接口）提供了一个平台，使其他智能家居设备制造商也能开发出联动功能。

利用这个项目开发出来的功能中还包括节能服务。具体来说就是，当住宅中的智能电灯感知不到家里有人时，就会自动关闭。截至 2015 年 12 月，已经有 50 家公司参加了该计划。

第二种方式是 "Thread Group"（线程组）。这是一种多跳网络技术（不需要路由器的窄带网络），它以 Nest 公司认可的智能家居专用通信标准 IPv6 为基础。截至 2015 年 11 月，共有 220 家公司参与，其中还有 30 家公司报名参加了认证计划。

摩根士丹利曾在 2014 年预测，到 2015 年 1 月，Nest 每月将会生产 10 万台智能家居设备，年销售额将达到 3 亿美元。现在，Nest 正在致力于扩充产品种类，如烟雾和一氧化碳报警器，并欲以 5.55 亿美元的价格收购 WiFi 照相机制造商 Dropcam。

❑ 思维能力训练营

Work Happiness 公司把从全世界收集来的最新商业模式总结为无数个商业模式金字塔，并把它们制成卡片，所有信息一目了然。如果大量学习这些商业模式，创造商业模式的能力就会自然而然地提高。

创新其实就是出乎意料的组合。

如果你左手拿着 Instacart 的商业模式卡片，右手拿着自己公司的商业模式卡片，脑海里肯定会浮现出一个奇妙的组合，还有一个创新型商业模式。这就是思维能力训练营的内容。

为了提出新方案，首先要进行练习。请你用右手拿着牛肉盖浇饭馆的商业模式卡片，用左手拿着 Instacart 的商业模式卡片，并思考：如果将这两张卡片组合在一起，将会产生什么样的创新型商业模式？

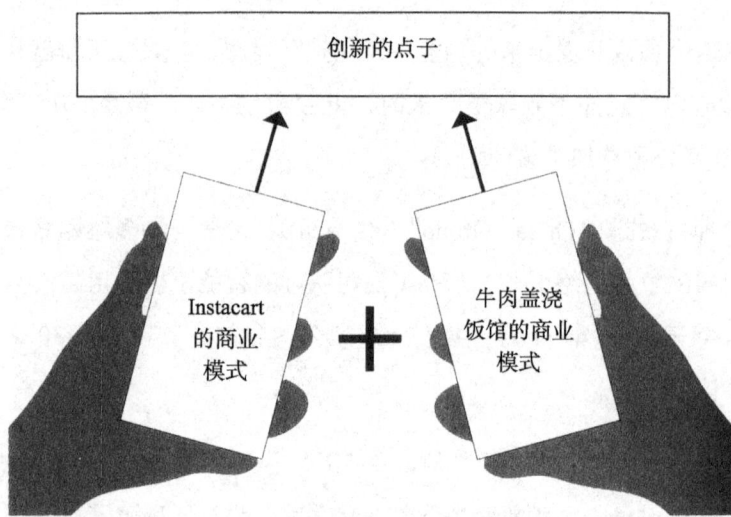

出乎意料的组合能够带来创新

你首先想到的应该是一些是落入俗套的想法，例如：利用智能手机进行配对，寻找闲人配送牛肉盖浇饭；利用智能手机进行配对，让闲人在牛肉盖浇饭馆打工，等等。

不久之后，你就会想到更好的主意，例如：为了解决独居老人孤独终老的问题，让想为社会作出贡献的家庭主妇去独居老人家中做牛肉盖浇饭。

思维能力训练营的参加者还做了补充："主妇不仅能够做牛肉盖浇饭，还可以和老人一起吃饭，这样老人会更开心。"

有些参加者提出了疑问："如果老人不会用智能手机，那该怎么办？"

"下单的人不是老人，而是他的子女。其子女不忍年迈的父母孤独地度过晚年，这项服务就是送给父母的礼物。"这个回答巧妙地避开了问题，还将原有的思维升级了。

"主妇要想买齐牛肉盖浇饭的食材得花很多心思，应该怎样减轻这方面的负担？"

"叫快递送来一周所需的食材不就可以了？"

"在牛肉盖浇饭之外再增加些菜品就更好了。"

"请陌生人进入自己家感觉不安全。"

"没关系，共享经济是评分经济，主妇和老人都会用五分评价制来评价对方。"

就这样，点子一个接一个地被提出来。

思维能力训练营的参加者通过一个个不同寻常的组合，不断尝试完善自己提出来的创意，以此提高创新能力。

结束了这项练习以后，下面就要正式进入主题了。这次需要用右手拿着自己公司的商业模式卡片，用左手换着拿其他公司的商业模式卡片，然后思考不同的组合会产生什么样的有趣的创新。

对从事制造业的参加者来说，必须思考德国凯撒公司的商业模式：停止销售空气压缩机，转而对压缩空气进行阶梯式收费。在对自己公司的商业模式进行创新之前，首先要学习 IoT 的成功案例。

另外，专门面向 CAD 工程师的云资源网站 GarbCAD 也可以带给我们很多灵感。

GarbCAD 是一个公开的工程网络社区，可供机械设计工程师共享 CAD 图纸并互相合作。截至 2015 年 12 月，在该网站上注册的工程师人数已经超过了 260 万，网站可以免费提供的 CAD 数据已经超过 100 万条。

在大量新型商业模式的熏陶下进行创新组合思维训练，可以有效改善大企业决策者僵化的思维。

▢ 强大的行动能力和学习能力

开启新事业时，PDCA 原则中 P（Plan）的重要性是最低的。也就是说，不论商业计划书（Business Plan）制作得多细致，都没有任何意义（工厂建设计划书除外）。

作为注册会计师和融资专家，我参与制作过无数商业计划书。但是，我的努力没有任何意义，因为没有任何一家企业会完全按照商业计划书的规划去发展。

新事业充满了不确定性，不实践就难以出真知。如此看来，商业计划书纯粹就是纸上谈兵。所以，企业应该尽量缩短调查和计划的时间，迅速开始实践，在实践中学习。商业计划书的内容写得越少越好。

16 年前，我开始创业。写好商业计划书之后，我得到了 6 亿日元的风险投资。当时，我的想法是："反正公司绝不会按照商业计划书的规划去发展。写计划书就是画饼充饥、白白浪费时间。但是，没有计划书，风险投资人就不会放心，那就只好写一份了。"

商业计划书至上主义者认为，只要做详尽的事前调查就可以排除所有风险，减少不确定因素。这个前提可能适用于新工厂建设，当需要生产前所未有的新产品和新服务时，这种想法就毫无用武之地了。

那些成功的创业者们有着完全相反的思维方式和行动模式。

他们在思考之前，首先会进行尝试。遭遇失败后，他们会从失败中吸取教训，然后做出调整。在不断失败和调整的过程中，事业才能逐渐得到完善。他们不会从一开始就发布完美的产品和服务，而是尽快推出升级版，以极快的速度学习新知识，不断提升产品和服务的质量和水平。

这才是开创新事业的正确方式。

◘ Work Happiness 农场

下面介绍一个按照"强烈的使命感·创新型商业模式·强大的行动能力和学习能力"这一模式进行创新的简单例子。

我曾是 S-Pool 公司的总经理，一路带领公司从创立到上市，现在我担任 S-Pool 公司的董事长。下面我介绍一下 S-Pool 公司成立时的主要业务——为残疾人士提供就业支持。

S-Pool 公司在千叶县开垦了十几公顷的水田，专门雇用残疾人士栽培蔬菜，这样就可以帮助企业达到 2% 的法定残疾人士雇用比例。这正是一个将农业和残疾人士联系起来的创新组合。

日本法律规定，企业内残疾员工比例必须达到 2%，而让残疾员工从事企业的主要业务实属不易。一般情况下，企业为了完成法律规定的义务，就把保洁工作交给残疾员工完成。但这样的工作往往使他们感到孤独而且感受不到自己的价值，他们很快就会选择辞职。

大部分企业都会采取这样的做法：让残疾员工一个人孤独地做保洁工

作，每天到了下午四点时对他说一声"辛苦了"就让他回家，然后再请专业的保洁员重新清洁一遍。残疾员工早晚会知道这个秘密，一定会觉得自己的工作毫无意义。因为感受不到自己的价值且难以忍受孤独，他们只好选择辞职。

如果雇用残疾人士在水田塑料大棚里种植莴苣、小油菜和西红柿等蔬菜，情况又会发生什么变化呢？在蓝天下，和大家一起种植蔬菜，如果收获的蔬菜的味道能让大家赞不绝口，残疾人士就会觉得自己也能为社会作出贡献，真正感受到自己工作的价值，就业稳定性自然也就提高了。

S-Pool 公司负责农场整体的运营和管理，包括大面积购置农田，并将其划分、出售给加盟企业。同时，公司还为残疾人士寻找其他工作提供支持，将完成就业培训的残疾人士介绍给其他企业，再收取中介费。

Work Happiness 农场把目标设定为"让残疾人士拥有伙伴、感受到自己工作的价值、能够快乐地工作"。2016 年 6 月，农场踌躇满志，开启了新事业的旅程。

在事业的初创阶段，我们遇到了极大的困难。从正式启动以来的三年里，农场连年亏损，累计达数亿日元。在这种情况下，企业不可能坚持太久，这让我们心急如焚。那时，公司其他项目的进展也并不顺利，在每个月的董事会上，公司外部董事及审查员都会毫不留情地指责我们："既然这个项目已经连年亏损，那就应该终止！"你们决策层应该承担怎样的责任？你们打算怎样向股东们交代？"这时，我们就拿出惯用的方法对付他们——对重新制订的商业计划进行说明。但是，不出几个月，计划和实际业绩又会大相径庭，我们再次遭受指责："上次你们不是说到某月就能盈利吗？"他们出于好意，反复强调在理论和分析中出现的疑问和要求。我们这些管理者继续请求道："请再给我们一些时间吧，我们的使命是'为弱势群体创造就业机会'，这是一家为自由职业者创造就业机会的公司。现在，我们已经给很多老年人和外国人创造了就业机会，公司的存在意义就在于增加残疾人士的就业机会，使社会变得更美好。我们的员工都有强烈的使命感，每一个人都会为实现公司的目标而尽心竭力。我相信很快就会有企业加入我们的农场，请您再给我们一次机会。"

公司外部董事却总是步步紧逼："你们在上次的会议中就说'很快就会有企业加入我们的农场'，结果到现在也没拿出什么成果。还是快点终止计划，做个了断吧！"他们的要求是理所当然的。我们感受到了无言的指责："你们就是一群骗子。"在管理者团队中也有人开始动摇，提出要终止项目："已经走投无路了，只能选择放弃。"

但是，"为弱势群体创造就业机会"这一使命和"使残疾人士拥有伙伴、感受到自己工作的价值、能够快乐地工作"这一目标给了我们莫大的勇气，我们最终没有放弃这个项目。

我们的"敌人"不仅仅是公司董事会。当时，我们的计划还在纸上谈兵的阶段。我们的收支平衡是以政府为残疾人士提供雇佣补助金为前提的。但是，当我们按照计划行动时，政府又表示"企业雇用残疾人士之后，政府再考虑提供补助金"。于是，我们又去要求加盟企业雇用残疾人士，企业却回答："拿到补助金后，我们就会雇人。"

到底是先有鸡，还是先有蛋？两个都没有，项目只能原地踏步。

我们改变了最初的计划，对公司的本质——价值创造做了重点说明："不要把希望寄托在补助金上。如果得到了补助金，那是撞了大运。不应该把重点放在补助金上，要更加关注公司的社会意义和残疾人士就业稳定等优点。"

还有，我们之前以为雇用残疾人士很容易，但后来却发现十分困难。

由于缺乏经验，我们并没有得福社事业所（许多残疾人士在此注册）的信任，导致雇用残疾人士的工作一度毫无进展。

于是，我们改变了方向。我们找到残疾人士的父母，劝说他们："请让我们把您的儿子介绍到大公司工作吧。我们可以提供一个工作，让大家一起愉快地种植蔬菜。"但由于福社事业所对他们有恩情，他们迟迟不能下定决心："我的儿子十几年来一直受到福利部门的关照，那里的待遇也很不错，所以还不想辞职。"

我们很困惑。虽然有农场，但并没有残疾人士前来找工作。

最终，我们作出一个决定：通过亲身实践积累经验，支持残疾人士就业。为了取得信任，我们共设立了四处就业援助所。我们还一家一家地造访特殊学校，拜访特殊家庭，到处宣传"蓝天下大家一起种植蔬菜"的美好愿景。

这一切都是商业计划书中没有提到的。事态的发展让我们始料未及。

我们以极快的速度进行了各种尝试。我们的目的和目标始终如一，但是方法和手段在不断改进。

不论是运营农场还是雇用残疾人士，实际操作都异常复杂，各种问题层出不穷。不过，我们也因此积累了大量经验。我们相信，完成这一项目不仅能会为社会创造巨大价值，而且还会形成一个很高的进入壁垒 [①]。

令人苦恼的境况日复一日。但在项目启动后第三年的春天，突然出现了转机。

日本的一家著名汽车制造商决定让一个几十人的队伍加入 Work

---

① 进入壁垒（Barriers to Entry）是影响市场结构的重要因素，是指行业内既存企业相比潜在进入企业和刚刚进入这个行业的新企业所具有的某种优势。换言之，进入壁垒是指潜在进入企业和新企业与既存企业竞争时可能会遇到的种种不利因素。——译者注

Happiness 农场。这家大企业的负责人担心自己要承担失败的责任，所以对风险十分敏感，一个劲儿地问："还有其他大企业参加过这一项目吗？其他公司作出了怎样的决定？"直到最后都拿不定主意。

但是，自从这位负责人入住农场，看到残疾人士工作时满面笑容、充满活力的样子后，他突然转变了态度。

其他犹豫不决的企业也接连决定加入农场。不久，第一个农场售空，第二个农场售空，第三个农场在计划阶段就已经预约满额。瞬间，农场人头攒动。

申请加入农场的企业接二连三出现，现在我们正在忙于第四个农场的选址工作。

只因最初签订的合同创造了一个契机，后面的工作就突然有了起色。

每个月，加入我们的企业数和就业人数都在快速增加，栽培的农作物除了水晶菜还有西红柿和莴苣，现在还有人组成了蜜瓜种植小队。

2015 年，一对在农场相遇的情侣喜结连理。他们不仅在这里找到了工作，还成了家。更令人高兴的是，他们已经生下了一个健康的孩子。在这里，大家通过自己的双手，共同体会到了为社会创造价值的喜悦。

截至 2016 年 12 月，已经有 100 家大企业加入了 Work Happiness 农场，有 450 名残疾人士在此工作，而且他们进入公司五年后的就业稳定率高达 95%。每年，他们都能创造高额利润，这个项目现在已经成为 S-Pool 公司的支柱项目。

企业的使命可以给生产现场产生自豪感，并让决策层形成共识。如果能为自己的使命感到自豪，我们就能获得义无反顾、迎难而上的勇气。这是一个真实的故事。创新可以引领我们锐意进取，不断为社会创造新的价值。

成功的关键就是坚持到底、永不言弃。只要不放弃，就一定能成功。所以，企业一定要找到一个主题，产生一种强烈的使命感，支撑企业一路走下去。

我坚信，当强烈的使命感、创新型商业模式、强大的行动能力和学习能力三者兼备时，创新的成功率就能发生质的飞跃。

第 **12** 章

促进创新的
物理环境

◘ 催生创新的物理环境——出岛、聚集、保护

在此，我想谈一谈能使日本大企业创新公式成立的物理环境。

这里所说的必需的物理环境是"出岛、聚集和保护"。

被 NTT DOCOMO[①] 产业化的手机就是黑色老式座机和无线通信技术的独特组合。但由于固定电话技术和无线电话技术完全不同，因此两者出现了冲突，导致情况变得难以掌控。日本没有办法，只好成立了 NTT DOCOMO 公司，迫使固定电话和无线技术相结合，从而催生了手机这一创新产品。

日本的出岛远离嘈杂的办公地带，环境幽美。使创新项目参与者集中在远离杂音的出岛，就能形成一种保护。

这是因为，创新都是在偏远僻静的地方产生的。在国外，这种办公区被称为"臭鼬工厂"[②]。

如果创新团队在现有的办公区工作，就会受到各种杂音干扰，无法集中精力。

为什么会这样？下面我们一起去密切跟踪创新团队的工作情况。

◘ 阻碍创新的"恐怖之山"

所谓创意，其实就是一种独特的组合，任何人都能想出一两个来。最困

---

① 日本的一家电信公司，是日本最大的移动通信服务商，拥有超过 6000 万的签约用户。——译者注

② 指在完全不受现有业务和组织影响的环境中，进行独立研究开发活动的工作区。一般的做法是在与总公司距离较远的地方设置团队，为其创造独立的工作环境。

难的部分是将创意付诸实践，并将其产业化。

在创新诞生的工作现场，到底发生了什么？

首先要有人提出有关新项目、新产品和新服务的创意。之后，总经理和新项目负责人等将成为赞助人，对有发展潜力的创意给予人力、物力和财力上的支持，并成立创新团队，以落实该创意。这个团队的成员个个胸怀大志，摩拳擦掌。

而公司里的其他人在干些什么呢？公司的主要业务才是摇钱树，因此主要业务的负责人对创新团队嗤之以鼻："净做些没用的事情。这次又不知出了什么鬼点子！"

创新项目启动时，整个团队都踌躇满志。但是，很长时间过去了，他们还是没有拿出创新成果。这是必然的，因为如果一个创新项目能随随便便就拿出成果，那它肯定早就被别人创造出来了。正因为不能轻易拿出成果，才称得上是真正的创新。

一事无成的日子远比想象中的时间要长。

在项目刚刚开始时，公司要求制作一份商业计划书。那时创新团队只能发挥想象，绞尽脑汁写出一份计划书。如果按照这份计划书里的规划，现在应该正是月月盈利、事业蒸蒸日上的时候。但实际上，创意却因技术问题而难以产品化。

负责人接连催促："还没好吗？还没好吗？"这样的催促会使整个创新团队如坐针毡。

面对重重高压，创新团队的成员们整日愁眉苦脸，还要面对来自周围的冷嘲热讽："失败了也不用承担责任，这样的美差上哪儿找去！"

公司里从事主要业务的员工更是不依不饶："真是一群废物，把我们的血汗钱都挥霍在了那些不切实际的东西上！""你们快住手吧，好让我们多拿些年终奖！"

批判愈演愈烈。随着时间的流逝，这座"恐怖之山"迅速耸立起来。团队负责人担心自己的晋升会受到影响，就不断地向创新团队施加压力。整个团队眼看就要崩溃，成员们个个噙着泪水，回天乏术。

然而，有一天，某个新点子带来了转机，使创意得以实现的技术获得了突破性的进展，产品化指日可待。产品终于投入了市场，喜爱新鲜事物的顾客被产品的革新性价值所吸引，蜂拥而至。由于产品备受好评，最初采取观望态度的顾客也接连购买，产品获得了极大的成功。这时，公司的同事一改以往冷淡的态度，纷纷称赞道："我们之前就觉得这个项目肯定能成功。我们一直十分相信你们的团队。"

这是一个真实的故事，这就是一个将创意变成创新（革新性价值创造）的过程。

但是，这种皆大欢喜的结局发生的概率极低。大部分创新项目都败在了"恐怖之山"的山脚下，最终不了了之。创新后备军们难以承受巨大的压力，纷纷败下阵来。

作为企业管理顾问，我研究过无数家企业。一般来说，在提供咨询服务时，我都会先去了解这家企业过去几十年的历史。这时，我往往会发现其中有无数个创新项目无果而终，而每一个项目的创意都十分优秀。现在，这个创意一定已经由其他人实现。如果当初坚持下去，也许那家公司早已像苹果或亚马逊那样发展壮大。类似的例子不胜枚举。索尼的创始人盛田昭夫说："有优秀创意的人很多。但是，很少有人拥有将创意付诸实践的勇气。"

是的，创新的根基就是永不放弃理想的勇气。

在开发项目的过程中，随着时间的流逝，"恐怖之山"会迅速耸立起来。

只要跨越这座高山，就能实现创新。但是，很多创新后备军都被压力击溃，无法攀越这座高山。那么，该如何是好？

公司要帮助他们消灭这座山！

把创新团队集中在远离嘈杂办公地带的出岛，使其远离杂音，就能形成一种保护。在远离总公司的地方建立新的办公区，把创新团队的成员集中在新的办公区。然后，要放弃"能否实现商业计划中的业绩"这一评价标尺，而要学习速度作为评价基准，保证创新团队能够得到恰当的评价。

◘ 创新团队的三个特点

如果公司面临破产危机，那么公司全体成员可能会选择背水一战，使创新项目能够一次成功。但是，由于每项事业的生命周期都在缩短，企业不可能只靠一次创新就高枕无忧，必须不断推陈出新才能生存下去。

有一次，诺贝尔物理学奖获得者、曾任筑波大学等高校校长的江崎玲于奈先生接受了记者的采访。当时，记者问道："什么样的研究环境才能孕育出具有革新性价值的研究成果呢？"江崎玲于奈回答说："有计划的混沌。"

这种状态如下图所示。

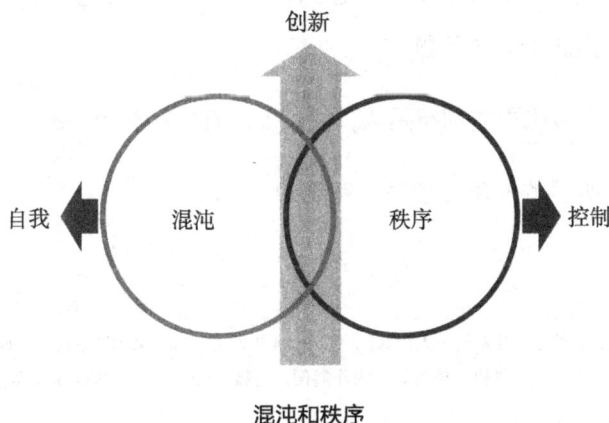

混沌和秩序

创新就是在混沌和秩序之间产生的。

秩序产生的是控制。一个秩序较强的团队很难打破固有的惯性思维，难以进行创新。他们能做的只是维持现状。混沌产生的是每个人的自我（欲望）。混沌会带来冲突，最终走向破坏。

从局部来看，研究者们在工作中无拘无束，这应该属于混沌。这种状态意味着整个研究所取得了良好的平衡，井然有序。

请大家想象一下 JR 东海新干线运行时的情景。列车受到严格控制，列车运行工作进行得井井有条。但是，在这些工作中是不可能产生创新的，也没有人要求创新，这是一个很好的状态。负责 JR 东海新干线创新的是铁道综合技术研究所。这个团队只要在混沌和秩序之间前进即可。

混沌产生的是每个人的自我（欲望）。研究员和艺术家的自我往往是"世纪大发现"或"独创性成果"。研究员、技术人员和艺术家们往往活力十足，如果让他们自由发挥，他们会向着自己追求的理想不断前进。一开始，团队的工作还算充满乐趣，但不久之后成员们就会产生意见冲突，甚至彼此中伤。团队很可能还没有拿出任何成果就面临着崩溃的危机。

苹果公司创始人乔布斯曾说："麦金塔计算机①之所以能成功，是因为它的开发过程集结了音乐家、诗人、艺术家和研究者。而且，创新不是钱的问题，而是整个团队的方向问题。"

通过观察许多优秀的创新团队，我们发现它们具有以下三个共同点：

（1）拥有明确的使命（使命、存在意义）；

---

① 简称 Mac，是由苹果公司开发的个人计算机，于 1984 年发售。Mac 采用图形用户界面（GUI），备受市场欢迎，被称为最早的个人计算机。该计算机操作简便，对微软公司开发的 Windows 操作系统产生了很大的影响。

（2）规定最少化；

（3）尊重与众不同的想法与观点。

创新是在混沌和秩序之间产生的。

如果只有混沌，就无法组成一支团队，不能将每个人的力量有效地结合在一起。但如果过于注重秩序，就只能维持现状。如果任其自由发展，企业又会因为环境的变化而走向衰败。

那么，具体应该怎样做呢？

企业需要一个出色的创新团队，让他们集中力量完成一个富有创意的项目。企业还要做到规定最少化，然后将这个创新团队隔离起来，为他们提供一个能够潜心开展研究的环境。在与世隔绝的环境中，各种想法相互碰撞，最终一定会产生具有革新性价值的独特产品。

使命在社会中具有重要意义。如果一个使命能够使企业满足社会的需求，那么在那个隔绝的环境中，各种想法碰撞后产生的产品就会是社会翘首以盼的具有革新性价值的产品。

谷歌就是一个简单的例子。它的使命是："整理全世界的信息，使全世界的人们都能自由地使用。"

谷歌地球 ① 利用卫星从天空拍摄世界各地，连军事基地也拍了进去。即使惹怒了军方，谷歌也仅仅说了一声"对不起"，之后再从地图上把那一小部分清除。

谷歌实现了规定的最少化，先大胆去做，等到明令禁止再收手。

一天，一位大学同学给我发来一封邮件："吉村，你是不是买了有风冷

---

① 谷歌公司提供的卫星照片阅览软件，它将世界各地的照片拼接成地球仪的样子，供人阅览。

发动机的保时捷？"

我回答说："你怎么知道？"

"我在全景地图^①中看到你了。"

看来，人们已经没有了隐私。

谷歌所做的一切都是为了完成"整理全世界的信息，使全世界的人们都能自由地使用"这一使命。只要能够完成使命，就不问方法，也没有太多规定。正是这样的环境催生了谷歌地球和全景地图。

四年前，亚马逊发布宣言："我们将使用无人机送货上门。"这让我觉得美国真是无奇不有。

对于这个点子，日本人连想都不会去想。因为日本人会担心"如果物品掉落受损或致人受伤就糟糕了。在《航空管理法》中有明文规定，领导肯定不允许"，然后一定会停止思考。

其实，只要改变法律就可以改变一切。

我有两次改变法律的经历。那时我还在做注册会计师，调职后担任JASDAQ 的上市审查官。有一天，上市审查部的课长对我说道："吉村，这条法律使上市审查很不方便，你去一趟大藏省^②，让他们把这条法律改一下吧。"

我吃惊地问道："法律是这样说改就能改的吗？"

"当然。毕竟法律是由人制定的。"

原来如此。我做好充分的准备后，大步踏进了大藏省证券局的大门。我

---

① 谷歌地图的功能之一，可以显示地图上指定位置的 360 度全景图像（照片），各个角度一览无余，使人身临其境。

② 大藏省相当于我国的财政部，现在改称为"财务省"。——编者注

对证券局课长说："证券交易法（现为金融商品交易法）到底是为什么而存在的？"

"当然是为了保护投资人。"

"您说得没错，但是您看看这条规定。为了保护现代的投资人，它还有存在的必要吗？"

"原来如此。确实需要改一改。"

很快，我就得到了他们的答复，他们会在更改法律后会通知我。

调职结束后，我重回注册会计师岗位。有一次，一位朋友来找我商量："我的一个企业客户由于不符合在证券交易所上市的法律规定，所以不能上市。你有什么好办法吗？"

我再一次大步跨进了东京证券交易所的大门，问道："东京证券交易所的上市规定到底是为了什么而存在的？"

"当然是为了保护投资人。"

"您说得很对，但是您看看这一条规定。为了保护现代的投资人，它还有存在的必要吗？"

"原来如此。确实需要改一改。"

法律就这样轻而易举地被改变了。

在修改法律规定方面，这样的例子数不胜数。

以前，投资者缺乏法律常识，对社会的认识也尚不充分。在那个时代，官员们既不愿被指责为胡作非为，也不想承担责任。在卫生环境恶劣的年代，保健机构也是如此。官员们为了逃避责任，就在法律规定上过度保护，最终演化为当今法律规定中的各种繁文缛节。

文明每一分每一秒都在进步之中。不论是人的意识还是社会规范，每天都在发生变化。因此，过时的法律和规定必须要改。

如果以国家和国民的利益作为堂堂正正的理由，任何法律都能得到修改，虽然需要的时间可能长短不一。

正在积极放宽限制的经济产业省，如果能够通过特区制度或个别企业特例来放宽法律限制，也不失为一个好方法。

美国人的思维是"如果没有规定，那就放手去做"，而日本人的思维是"如果没有规定，那就什么也不能做"。

月球的资源开发竞争十分激烈。月球上经常落下很多陨石，其中有很多富含钴和镍等稀有金属。但是，月球的资源到底应该由谁来开发呢？国际法严格规定"任何国家不得占有月球"，不允许随意开发月球资源。而美国人想"国际法规定任何国家都不能占有月球，但是没有规定企业不能占有月球"，于是就让企业放手去做。

这就是美国人的思维方式，他们不会顾虑国际法，开发稀有金属也是为了造福全世界。他们抱着这种想法到处游说，并得到了国会的认可。

日本人总是有太多的顾虑。其实，只要为了正义，一切做法都是可行的。不妨先放手去做，被命令禁止了再停手。

企业有必要让规定最少化。

◻ 建设鼓励创新的环境

为什么在硅谷，创新型企业如雨后春笋般接连涌现？那是因为总有创业者在硅谷诞生。

一般财团法人创业企业中心曾经发起过一项"关于创业者精神的调查"

（GEM 调查），调查结果显示，创业者诞生的条件有以下三个：

（1）认识身边的创业者；

（2）认为创业的机会无处不在；

（3）了解创业的方法。

硅谷完全具备上述三个条件。

来到硅谷的星巴克，你就可以看到未来的创业者正在向风险投资人（VC）做报告。坐在他旁边的资深创业者一边听报告，一边不时地提出建议。这样的情景大家已经习以为常，你的朋友的朋友可能就是杨致远或拉里·佩奇，在朋友的朋友中就能找到一位著名的创业者。

如果创业成功的是关系不亲近的人，人们可能顶多会赞美一句"真好啊"，觉得事不关己。但是，当看到自己身边的朋友创业成功时，就会给你一种错觉，觉得自己也能创业成功。

创业后，创业者从朋友那里得知，想要融资可以找风险投资人。大学里也经常开设以培养创业者为主题的讲座。像斯坦福大学的创业社团 BASES（Business Association of Entrepreneurial Students）[①]这样的为未来创业者提供支持的组织也有很多。

因为硅谷具备"认识身边的创业者""认为创业的机会无处不在""了解创业的方法"这三个条件，所以创新型企业接二连三涌现。

那么，企业能够持续创新的重要条件是什么呢？那就是创新者（企业内的创业者）不断出现。

---

① 目前美国规模最大的学生企业组织之一。1996 年成立之初是学生运营的非营利组织。该组织通过在本科生、研究生和毕业生之间建立关系网，从著名创业者那里获取经验和建议，有时还能获得资金上的援助。

要想成为能够持续创新的企业，必须具备以下三个条件：

（1）认识身边的创新者；

（2）认为创新的机会无处不在；

（3）了解创新的方法。

为了满足上面的第一个条件，企业首先要集中精力攻克一个创新项目，使企业内的创新者能够崭露头角。

如果进入好学校，学生就会自觉地学习，这是因为其周围的人都在努力学习。如果进入差学校，学习就会变得很困难，这是因为其周围的人上课时都在偷吃东西。

为什么日本最大的人力资源企业 Recruit 能够不断地开拓新事业呢？

因为它周围的企业都在开拓新事业，自己也受到感染，产生了"自己开拓新事业也能成功"的错觉。

上述的第二个和第三个条件需要制度和教育来满足。

满足第三个条件需要训练。企业可以举办新项目开发大赛，为获胜团队提供人力与财务方面的支持，使新项目能够真正落地。

然而，大部分企业既不是 Recruit，也不是服务平台企业 CyberAgent。

为了成为能够不断推出创新项目的企业，企业需要不断开展创业训练，举办创业大赛。但是，做这些事情难度极大。如果在试错上需要花费多年时间才能开始创新，企业恐怕早已不复存在。我的公司 Work Happiness 的任务就是帮助其他企业开展创业训练和举办创业大赛。目前有两种模式，一种是企业单独参与，另一种是多家企业联合参与。

效果较好的是多家企业联合参与的模式，最理想的是将制造型企业与服务型企业组合在一起。

这是因为，将不同类型的企业组合在一起可以自然而然地满足创新产生的三个条件。

（1）拥有明确的使命。使命就是开创能够造福于社会的新事业。

（2）规定最少化。一切皆有可能，没有固定模式。英雄不问出处，努力取得各方支持。即便是法律也可以改变。企业应该通过积极开展创业挑战训练来不断实践以上经营方针。

（3）尊重与众不同的想法与观念。不同类型的企业在一起相互交流，能够促进创意的产生。在这个过程中，人们自然而然会对与众不同的观点心生尊重。

把不同类型的企业组合在一起开展创业训练和举办创业大赛，往往能够获得超乎想象的成果。

Work Happiness 公司还可以提供"出岛、聚集和保护"这一促进创新的物理环境。

Work Happiness 的总公司里专门有一层留给创新工作使用。那里有一间创新孵化办公室，供在创新大赛中获胜的企业使用。

各家公司的人调职进入 Work Happiness 公司后，就会成为培训生。Work Happiness 公司可以提供良好的 IT 环境，劳务管理、人事管理、经费处理等问题也会在 Work Happiness 公司的规定下得到简单、快捷的解决。

专门的顾问和 App 开发、AI、大数据、机器人等方面的专家会为各家公司的创新团队提供指导和建议，各个团队可以在切磋交流中思考新事业。

这间办公室的理念是"秘密基地"。

办公室的入口是一个藏有机关的书架。只有在史蒂夫·乔布斯的照片上刷一下 IC 卡，隐藏的门才会打开。

进入办公室后，首先映入眼帘的是一面巨大的镜子，上面写着"Stay hungry，Stay foolish——Steve Jobs"。

屋内的桌子是由雪莉桶改造的，吧台是电车的枕木，还有雕刻着画的座椅。休息室的最里面还设有怀旧风十足的日式零食台。

一切设计都是为了传递一个信息——回归童心、集思广益、享受乐趣！

当人们还是孩子时，虽然没有丰富的物质财富，但只要得到一个小玩意，就可以想出各种玩法，每天都能开怀大笑。

成年以后，人们开始受到各种条条框框的限制，变得保守起来。每天畏首畏尾地生活，其实是对宝贵生命的一种浪费。

在秘密基地，大家都相信自己拥有无限的可能性，每天都在笑声中思考改变世界的好点子，时时刻刻都在为了使世界变得更美好而不断地激励自己。

我的期待都集中在了这个"秘密基地"之中。

虽然办公室只是一个物理环境，但我们把那些相信自己拥有无限可能性的人集中到了这里，让他们在一种觉得自己也能创业成功的氛围中，使自身的思考能力和行动能力实现了质的飞跃。

我效仿的是明治维新时期培养了大量创新者的"松下村塾①"。

---

① 幕府末期在长州藩萩町（现在的山口市萩市）开设的私塾，主办者是吉田松阴，吉田因培养了众多明治维新时期的爱国志士而闻名。松下私塾最初由吉田松阴于 1843 年（天保 14 年）在叔父玉木文之进的私宅中开设。后来玉木文之进出任官职，私塾一度中断。1856 年（安政 3 年）吉田松阴出狱，被软禁在家，他便开始向附近的孩子教授兵学。后与之前从玉木处转移至久保清太郎处的松下村塾（就在隔壁）合并，1857 年吉田松阴成为松下村塾的主要管理人。

吉村家源于长州的萩，我十分尊敬吉田松阴先生。

◻ 拯救日本的混合行业创新和日本创新者学园

日本创新者学园能够进一步推动各类企业积极开展创业训练和举办创业大赛，并将大企业的创新后备军和从社会召集来的创业后备军混合在一起，让他们在相互交流中促进彼此的成长。

上班族面临的问题是，虽然拥有出色的技术和才能，但却没有"饥饿"的精神。社会上的创业者后备军虽然富有"饥饿"的精神，但却缺少资金和技术。而日本创新者学园能把这两者的优点很好地结合起来。

学园规定，每一期最多只有五家企业，每家企业最多可以派出四名创新后备军。这些创新后备军将和相同人数的创业后备军混合在一起，组成一支团队。一支团队包含 4~5 人，共有 8~10 支团队。这些团队将在未来六个月的时间里在创业挑战中一决高下。

召集企业时，学园将会给出"面向亚洲年轻人的新服务""智能城市""地方振兴""保障老人健康的新服务""服务业生产效率的提高"五个主题，并在每个主题下分别召集五家来自不同行业的企业。

例如，在"面向亚洲年轻人的新服务"这个主题下，就有松下、本田、欧力士、罗森、索尼唱片公司这五家不同类型的企业参与。

这些公司分别属于电器、汽车、租赁、便利店、娱乐行业。来自这些公司的精英们混合在一起，大家集思广益，一起打破僵化的思维模式，很快就产生了令人拍案叫绝的新创意。

六个月后，最终胜出的团队可以获得由 Work Happiness 提供的资金，最高可达 500 万日元，以支持团队将创新项目落地。而且，Work Happiness 公司还会实施团队助力计划，团队可以无偿使用创新孵化办公室并得到创业者前辈们的指导。如果有必要，我们甚至还会游说经济产业省，建议政府部门放宽行业限制。

而且，每隔六个月我们都会对加入创新者学园的企业进行测评，判断其是否需要向初创企业定向增发投资或进行兼并。

参加的企业也会在新项目开发、培养人才、风气改良方面取得良好的效果，其中最明显的效果是提高了创新型项目的开发速度。

特别值得一提的是，在新项目开发时期常常出现的声誉风险被有效地消除了。例如，本田在开发小型电动汽车的智能通勤服务时，由于过于担心发生交通事故的后果，所以迟迟没有启动项目。最终完成该项目的是 Work Happiness 的子公司，它很好地消除了初创事业的不确定性所带来的风险。

另外，Work Happiness 还可以帮助大企业培养急需的创业人才，为在大企业闭塞环境中工作的年轻员工加油打气，提高雇主的品牌影响力。

启动学园后，我注意到一件事，那就是我们的行动对企业风气产生了正面的影响。在每一期学园中，参加的五家企业每隔三个月就会举行一次名为"负责人恳谈会"的学习会和宴会。在恳谈会上，来自各个领域的精英们各抒己见。看到年轻人不断挑战自我，其他人也跃跃欲试，接受各类挑战的热情空前高涨。

参加者回到自己的企业后，积极宣传创新者学园的活动，进一步激发了其他员工的参与热情。到最后的展示日，往往会有大批员工赶到现场，场面热闹非凡。这样一来，企业决策层就会更加关注创新，生产现场也更容易把创新型改革方案提到议事日程中来。

参加者在这六个月里，一边从事自己原先的工作，一边利用周末和工作日的晚上准备创业。

他们在最初的一个月将以创业训练为重点，充分学习"强烈使命感·创新型商业模式·强大的行动能力和学习能力"这一成功公式。

要想理解"强烈使命感"是什么，首先要从回答"你活着是为了什么"和"你的人生使命是什么"这两个问题开始。

通过三天的集训，参加者深入回顾自己的人生，并与同伴进行激烈的思想碰撞，以此理解人性。只有深入了解自己，才有可能深入了解他人。只有深入了解自己，才能认识自己最惧怕的事情。在克服恐惧之后，他们就会燃起挑战的热情。

人们之所以不敢挑战，是因为害怕失去。人们太在乎地位、名誉、信誉和金钱。但是，有失必有得。同时，得也意味着失。

我出生在一个单亲家庭，小学时与母亲、姐姐一起生活在空间狭小的屋子里。那时家里既没有浴室，也没有电话。在班级电话联络簿上虽然也有姓渡边的同学，但我的姓氏总是排在最后①。在一次班级旅行活动的前一天，同班的中国同学小李冒着大雨特意来到我家，告诉我一个重要信息："明天旅行的 200 日元零食费中不包含香蕉。"我那时还是个孩子，但仍然感到很伤心。即便是在这样的生活中，我也得到了金钱无法买到的东西。可以说，正是当时那种没有浴室、没有电话的贫困生活成就了现在的我。

我的两个孩子现在住在东京市内一栋安静、宽敞的独栋别墅里。他们看起来生活优裕，但是同时也失去了很多东西。我现在当上了公司总经理，虽有所得，但同样也失去了很多东西。我完全不会害怕失去现在的家，完全不害怕一家四口搬入小房子。因为我相信，我的孩子也会通过失去而得到更多的东西。

---

① 日本学生花名册按照姓氏的日语五十音图的顺序排列，渡边（Watanabe）开头文字为 wa，吉村（Yoshimura）开头文字为 yo，应该排在渡边之前。——译者注

不论是在战场、赛场上，还是在商场上，都是勇者强、勇者胜。

不要因为莫名的恐惧而止步不前。人们必须深入了解自己到底害怕失去哪些东西，并思考失去这些东西之后还会得到什么。

没有人会因为做生意而失去生命。即使给别人带来很大的麻烦，也一定能有所收获。不要害怕给别人添麻烦。创新本身就意味着在帮助很多人的同时，也会给很多人带来麻烦。

第二个月的主题是"让别人无偿为自己做些什么"。试着冲到街上，对别人说："帮帮我，请我吃顿晚饭吧！""让我在你家住一晚吧！""帮帮我，请给我 1000 日元吧！"

在这个活动中，参加者的手机和钱包将被收走，并要完成"明天晚上之前到大阪集合"等任务。参加者根据这些主题在不同的地点接受挑战，只有让不同的人无偿为自己做些什么才能完成挑战。

在通常情况下，创业者虽然有很好的创意，但却没有足够的资金。想要挑战"让别人无偿为自己做些什么"，就必须用智慧和双手创造新事业。

坂本龙马向福井的大人物们阐述了自己的愿景后，得到了资金支持，购买了船只，成立了海援队。可见，如果一个美好愿景能够对社会作出贡献，那么不论是人还是资金，都能被调动起来。

人要比想象的更善良，即便遇到素不相识的人，也可以请他吃一顿饭。

在越南的胡志明市，我们开展了"面向亚洲年轻人的新服务"活动。此次活动的主要任务是见到越南的经营者后，让他们请自己吃饭。这个任务看似困难，但是没有一个人失败。

因为即使语言沟通不畅，人们还可以通过其他方式传达自己的情感。只要心意到了，不论是人还是资金，都能被调动起来。

人是社会性动物。日本创新者学园培养的精锐部队在竞争中产生了"身边的人成功了，我也一定能成功"这一"幸运的错觉"，轻而易举地突破了自己的思维局限。

在越南的胡志明市，参加者通过向不认识的人搭话、让他们请自己吃饭，获得了印象深刻的成功体验。在国外尚且如此，如果是在语言相通的日本，更不存在无法实现的事情。

只要看清了"开动脑筋就不会饿肚子"这一事实，他们就能为"不再害怕失去"打下心理基础。

第三个月的主题是"商业模式的优化"。为了探索世界上优秀的商业模式，参加者们相互之间反复进行演示说明，并接受创业者前辈们的指导，进一步精炼商业模式。在第三个月的最后一周，成员们会迎来第一个难关，也就是正式的创业挑战大赛中期报告会。

在报告会中，合格的团队会获得 50 万日元的调查资金。在随后的三个月中，他们要充分利用这 50 万日元制作出事业雏形，并在最后的展示日中展示。

事业雏形的展示形式是宣传片，必须达到可以发起众筹的水平。如果目标是制作手机 App，那么就要先开发出 Beta 版（公开测试版）。

其实，我们完全可以向硅谷学习。但是，作为日本人，就应该寻找符合自己性格特点的做法。硅谷以个人的欲望为动力，而日本人则以对同伴的责任感为动力。日本创新者学园能够帮助日本人充分发挥自身的优良品质，找到创新的最佳方案。

调查结果显示，在全世界的年轻人中，日本的年轻人最没有挑战精神。这是因为他们的长辈们没有为他们提供良好的创新环境。

我通过至今为止的活动，无数次亲眼确认了一个事实：人拥有无限的可能性。

日本的年轻人虽然是全世界最没有挑战精神的年轻人，但是问题不出在他们与生俱来的特点上，问题出在教育上。

日本是单一民族的岛国，民众向来拥有强烈的危机感。遇到危机时，日本人就会团结一心。明治维新时期的仁人志士们在"黑船事件"后团结在一起。在危机笼罩下，曾经水火不容的萨摩藩和长州藩也团结在了一起。

美国在遭受卡特里娜飓风袭击后，汽车旅馆的价格飙升至一晚700美元，用于灾后重建的电线杆的价格也暴涨至原先的10倍，但在日本一定不会发生这样的事情。现在，日本最需要做的是使各个企业和政府联合起来共同跨越壁垒，团结一心促进创新，特别是推动混合行业创新。

日本的竞争对手不是国内的同行企业，而是硅谷和德国的创新型企业。

我的梦想就是使日本创新者学园不断发展壮大，直到成为现代的"松下村塾"并把学生人数保持在1000名左右。大家为了日本的未来进行各种创新，彼此切磋，磨砺自己。

每年，将会有1000名毕业生走出日本创新者学园。只要有人成功，就会给其他人以鼓舞。他们会认为："既然身边的人成功了，我也一定能成功！"这种"幸运的错觉"能促进良性循环，使日本的上班族们精神焕发。

小学生的梦想往往是成为公务员或企业正式员工，而大学生的想法却是根本不想工作。他们之所以这样想，是因为很少有人能在工作中获得快乐。

让我们敞开心扉、齐心协力，打破日本的闭塞感吧！

化挑战为机遇，火中取栗，改变社会

作家

江上刚

　　1977 年，江上刚毕业于早稻田大学政治经济学院政治经济学专业，毕业后就职于第一劝业银行（现在的瑞穗银行）。1997 年，"第一劝业银行总会屋事件"发生后，为平息事端，转而担任广告部副部长一职。

　　在作为银行家的同时，江上刚还在 2002 年出版了小说《无情银行》，以小说家的身份出道。2003 年从银行离职，正式成为作家，其作品多为跳出经济小说框架的新型金融娱乐小说。其中，《失职员工》（新潮社出版）一度成为畅销书。最近出版的作品有《打杂银行职员多加贺主水不会袖手旁观》。

吉村：1997 年，以一次违规融资为导火索，日本金融业出现了前所未有的波澜，导致东京劝业银行行长等 11 人被捕，这就是著名的"第一劝业银行总会屋事件"。后来，为了平息事端、推进组织改革，银行成立了"中年四人工作组"，江上先生就是其中的一员。素有"日本经济小说第一人"之称的作家高杉良以此事为原型，写了《金融腐蚀列岛——诅咒》一书，后来此书还被改编成了电影。电影中役所广司主演的北野就是以江上先生为原型的。

从银行离职后，江上先生以作家的身份出道，出版了许多作品。现在，江上先生还是富士电视台信息节目的评论员，事业蒸蒸日上。

两个人的相遇：为了"愿景和热情"融资一亿日元

吉村：我永远也忘不了和江上先生相遇时的情景，那是我在创立 S-Pool 公司后不久的事情。那一天，我闯进瑞穗银行的高田马场支行，请求道："请借给我 1 亿日元！"那时，我既没有在瑞穗银行开过户，也没有和瑞穗银行发生过任何业务往来，哈哈。这时，分行行长江上先生走了出来。他对我没有丝毫怀疑，只是问了我一个问题："您应该不会卷款而逃吧？"之后，他爽快地答应了我的融资请求。那时，您为什么同意给一家既没有担保，也没有业绩的公司融资 1 亿日元呢？

江上：是啊，为什么呢？融资后，我的上司对我产生了很大的意见。如果一定要说出一个理由来，那就是我被这家公司的愿景和热情打动了，就是这么简单。我的直觉告诉我，吉村先生的热情是千真万确的。所以，我只问了您一句"您应该不会卷款而逃吧"，就同意了融资。

吉村：这件事对我的事业来说是一个巨大的转折点。我从大型会计事务所辞职创业时，周围出现了很多负面的声音，"公司一旦倒闭，你的处境就会十分凄惨"，"想要创业，连在银行开账户都很困难，你可要做好心理准备"，等等。

江上先生同意为我融资后，我觉得所有的负面评价都是无稽之谈，只要向志同道合的人阐述自己的愿景，全世界都会站在我这边。多亏了您的帮助，这次融资鼓励我把之前在脑海中描绘的愿景变成现实。从那以后，我实现了很多梦想，度过了快乐而充实的 15 年。

江上：这正是理想变成了现实啊。如果没有理想，就不会有开始。如果没有行动，就什么都实现不了。要想成功，就必须心怀梦想，脚踏实地地采取行动。

"火中取栗"的信念带来一系列变革

吉村：江上先生在"第一劝业银行总会屋事件"发生后，做了很多广告部副部长职责以外的工作。他到处奔波，终于把第一劝业银行从泥潭中救了出来。那时，行长的一举一动、一言一行都需要江上先生出谋划策，最后他还不得不干涉人事安排，这才平息了事端。使银行这个庞大的组织运作起来，可不是一件容易的事。为什么您在 42 岁的时候就能够掌控这样巨大的事业呢？

江上：这是因为我知道这个丑闻比任何人都要早。我所在的广告部本来就是一个能够先于其他部门了解到各种信息的部门，当然也包括丑闻。既然我们已经知道了这件事，如果不尽快采取对策，银行就会陷入倒闭的危机。但是，没有任何一个人愿意采取行动。于是，我就做好了赴汤蹈火的准备，着手收拾混乱局面。这也许就是一种想保护同伴的责任感吧。无论如何，我都做不到见死不救。另外，我也想从"火中取栗"的实践中获得一些宝贵的经验。

吉村： 那是什么样的宝贵经验呢？

江上： 虽说是"火中取栗"，但我觉得值得一试，行动之后出人意料地成功了。如果当时我认定自己对付不了，可能早就放弃了，哈哈。其实，当你真心想去"火中取栗"时，就会发现几乎没有取不了的栗子，因为所有的问题都是由人引起的。成功解决问题之后，我不仅为社会和同伴作出了贡献，而且还受到了很多赞扬。

吉村： "第一劝业银行总会屋事件"之后，江上先生又成了回收不良债权的负责人。为了回收不良债权，可能会被黑道盯上，随时都会有生命危险。在这种情况下，您为什么还能坚持下去呢？

江上： 事件发生后，许多为银行前途而殚精竭虑的前辈相继离开。他们离开时还怀着万分悲痛的心情交代我们"一定要把银行办好"。我想，如果我不采取一些行动，就对不起那些已经离开的前辈。我总是对自己的孩子说，在银行工作是我的骄傲。因此，我一心一意想要把银行办好。而且，我母亲对我的教诲也起了很大的作用。

吉村： 您母亲的教诲吗？

江上： 幼年时，我曾和母亲一起去公共澡堂泡澡。泡澡时，我想把温暖的水集中到自己身边，但母亲却批评我说"热水要向外划"。这就是一个"为别人着想，自己最终也会受益"的道理。

现在这个道理依然深深植根在我的心中。如果一味地追求回报，那是不可能成功的。人必须要有一种责任感，为了帮助需要帮助的人而行动，这样才能成功。一味寻求捷径和投机取巧只会白白浪费时间。

我只是为了改变现状，按照自己的信念采取了行动而已。我坚持了自己的正义感，最终取得了成功。归根到底，我认为活出自我、坚持走自己认为对的路才是最重要的。工作和人生是一样的。只要带着责任感去工作，并充分发挥自己的奉献精神，就能够为社会出一份力。大家都应该活出自我，在工作中坚守自己的价值观。

吉村： 果敢地做自己认为正确的事，正是这种信念一直支撑着您啊！

江上： 没错。我人生中的大部分时间都是在公司中度过的，如果在那里放弃了自己的信念，就真的会变成一具行尸走肉，白白浪费生命。同样是工作，我宁愿遵从自己的内心，刚正不阿地活下去。

决心离职：不可避免的命运

吉村： 把银行从一个又一个的危机中拯救出来之后，您就毅然辞职，成了职业作家。这又是为什么呢？

江上： 以作家的身份出道之前，我曾在瑞穗银行筑地分行担任分行行长。有一次，上级派给我一个 1 万亿日元的融资任务。我四处奔波，联系客户，请求他们购买瑞穗银行的股票。说实话，其实客户从中得不到任何利益。我多次向上级反映，这样的工作与我的信念相左。最终我发现，虽然身处银行，但我仍然不能坦然地工作。也许是时机已到，不论工资多高，不论公司配给我的车有多么高级，我都不想违背自己的信念去做一些无益于社会的事。

吉村： 我常常给别人讲这样的故事。动物园里有一头被圈养的狮子，它每天都能吃饱喝足，一生无忧无虑。临死时，狮子心里想："真是完美的一生啊，喵！"狮子直到死都认为自己只是一只猫。如果狮子鼓足勇气冲出牢笼，来到大草原上，又会怎么样呢？它可能数日都找不到一口食物。但是，当狮子在辽阔的草原上全力驰骋、追捕猎物时，它就能清楚地意识到自己是一头狮子。

江上先生正是在这些信念的引领下冲出了银行的牢笼，找到了"作家江上刚"这一真实的自我。

江上：惰性会使人失去很多东西。有的人以"吃得上饭"为理由，拿着少得可怜的薪水，对上级唯命是从，在不知不觉之间就失去了自己的信念。最终，他们一定会后悔，一定会问自己"我这一生到底都做了些什么"。人生只有一次，要尽情地展现自我。如果感觉工作有悖于自己的信念，就要勇于挑战组织。如果你的观点是正确的，而且是为社会和同伴着想的，那么你一定能够胜利。

领导力就是拿得起放得下

吉村：对一个中年人来说，要想改变社会，重点是什么呢？

江上："第一劝业银行总会屋事件"发生后，那些所谓的骨干和精英们都束手无策。和我并肩作战的是那些无视条条框框和晋升路线的同事们，他们为我两肋插刀，帮了我很大的忙。虽然事情已经过去了 20 年，但直到现在我还时常和他们聚会，小酌几杯。这是只有工薪族才能体会到的幸福感。

还有一点，我的一位上司拥有很强的正义感，他很支持我的工作。任何组织里都有追求正义的人，重要的是和这些人形成统一战线，孤军奋战是不可取的。要和有正义感的人好好相处，同时也要和能够放得下的人成为伙伴。

越是骨干精英，越放不下很多东西，结果只会寸步难行。所谓领导力，就是拿得起放得下。只要领导放得下，做出了牺牲，下属自然就会信服，并且心甘情愿地追随他。在最困难的时候，我甚至已经做好了结束银行职业生涯的准备。

吉村：原来如此，能放得下才是真正的领导力！

江上：正是因为拥有放得下的勇气，反而会得到很多东西。例如，我虽然舍弃了银行的工作，但是实现了当作家的梦想。从这个意义上来说，有一个备用计划也是很重要的，人应该提前知道自己不辞辛苦真正想干的事情。

吉村：哈哈，如果读者看了这段对话之后，一个接一个地辞掉工作，那可就麻烦了！

江上：辞职必须谨慎。一定要努力在职场中活出自我，并广泛结交志同道合的朋友。但是，人生毕竟只有一次，有时必须要果断作出决定。

吉村：听了江上先生的一席话，我不禁也想去"火中取栗"了。为了使更多能够"火中取栗"的创新型人才不断涌现，今后我会继续努力。希望江上先生今后也多多支持我们！

第 四 部 分

第五次工业革命是否会到来

第 **13** 章

零浪费、零间隔
时间的世界

我在这本书中介绍了很多当今世界正在发生的事情，将这些事情结合起来，相信读者可以隐约地看到遥远的未来。

如果第四次工业革命进一步深化，世界又将会发生怎样的变化呢？

第四次工业革命的目标就是利用最少的资源（零浪费）及时地满足各种个性化的需求（零间隔时间）。AI 和机器人的进化将会加速这个进程。

AI 研究者预测，10 年之内，AI 将不仅能从数据中学习知识，还能从自然语言中获取知识。如果这一点真的能够实现，那么通用型 AI^①就会诞生。

现在的 AI 只能做到以与人类一样或高于人类的速度处理特定的任务，这类 AI 属于专用型 AI。举例来说，就是围棋 AI "阿尔法围棋"（AlphaGo）、谷歌相册^②的照片分类功能、苹果手机的 Siri、无人驾驶技术等。这些技术只不过反映了人类智慧的某一个特定的方面。但是，通用型 AI 诞生后，它就可以从自然语言中学习知识，并且不断提高自身的能力，那时第四次工业革命将会得到跨越式的发展。

通用型 AI 不仅可以超越人类的思考能力，实现超人化，而且还可以实现零成本无限复制。这些 AI 将会 24 小时无休地工作。如果让无数个超人无休止地开发产品、开发尖端技术、进行科学实验、探索宇宙，会发生什么呢？

---

① 与学习特定内容的数据、为了解决特定问题而提高性能的专用型 AI 不同，理想的通用型 AI 可以对各种各样的条件和状况进行思考，针对问题提出解决方案并加以判断。

② 谷歌的一项照片存储服务（云服务）。用户注册谷歌账户后，就可以获得专属的照片存储空间。

未来的世界将是什么样子的呢？

农业会实现无人化，工厂也会实现无人化。但是，目前设计无人化生产设备和机器人的是人类，设计、优化控制软件的也是人类。然而，通用型 AI 诞生后，它会利用机器人和 3D 打印技术对生产设备和控制软件进行改良和升级。通用型 AI 在经过一系列的开发研究之后，就连生产最先进生产设备的机器人也会在通用型 AI 的控制下得到改良升级。

物流效率的提高、资源分配的优化也可以由通用型 AI 来实现。

在医药品开发领域，通用型 AI 可以自动进行大量实验，以前所未有的速度开发新药品。

通用型 AI 还可以帮助人们思考如何解决资源纷争、降低二氧化碳排放量。它还将谨慎探索提高太阳能发电和风力发电效率的方法。未来，世界必需的能源将全部来自可再生能源。通用型 AI 还将不断探索生命和宇宙的奥秘。生命和宇宙的奥秘将以惊人的速度向世人揭晓。

"技术奇点"[①]终将出现，有人预测出现的时间是在 2045 年。

也有人担心，AI 恐怕会遭到滥用，AI 的进步也会带来灾难。但是，交给 AI 任务的是人类，给予 AI 科学探索课题的也是人类。

AI 的进化可以促进资源开发和配置的优化。到那时，全世界将不会再有饥荒。人们也不会再争夺水源和粮食，人类的很多纷争将会从此消失。

人类之所以能够成为人类，是因为拥有爱和智慧。我相信，只要有爱和智慧，人类就可以很好地利用 AI。

随着第四次工业革命的不断深化，由人口激增导致的地球资源枯竭问题

---

① 当人工智能达到一定水平时，科技就会凌驾于人类之上，不再受人类的控制。那时，人类生活将会出现翻天覆地且不可逆的变化。这一时点被称为技术奇点。

也会得到解决。

发展中国家之所以人口出生率高，是因为人们需要生活保障。对发展中国家来说，孩子就是财产。能够做农活、挑水的人越多越好。因为这些国家的养老金等社会保障制度并不完善，所以人们只能养儿防老。如果水和粮食等基本需求能够得到满足，人们就没有必要生很多孩子了。

在非洲，不论你家里多么有钱，都不能买到想要的东西，这是因为非洲的物流行业极其落后。饥饿并不是由收入低造成的，而是由物流基础设施不完善、商品流通困难造成的。

3D 打印机和自主飞行无人机将会解决非洲的饥饿问题。3D 打印机已经可以用沙子制成玻璃板，并打印出一栋两层公寓。有人正在计划将 3D 打印机送上月球，在月球表面打印出供人类永久使用的航天基地。该计划正在实施中。

即使不花重金修缮道路，主干铁路和自主飞行无人机也能以极低的成本建设新型物流网络。建好物流网络后，再引进农业机器人和无人机，AI 就能以惊人的速度在荒地上种植改良之后的农作物。人们通过电子数据可以随时了解当地 3D 打印机的运行状况，只要及时维护它们，就能保证农业的生产效率。

在医药用品运输方面，人们可以引进远程医疗和无人机，从而大幅降低非洲的婴幼儿死亡率。

远程学习的进步将促进教育水平的提高。受过教育的劳动力可以熟练掌握最新技术，并大幅提高生产效率。

如果非洲能从体力劳动社会变成脑力劳动社会，人们就会越来越重视对孩子的教育，因无知和贫困导致的生育行为将会不断减少。

而且，人类为了获得更多资源，将会越来越有必要向火星移居。

第 **14** 章

即将到来的第二次
文艺复兴

随着第四次工业革命的不断深化，全世界的生产效率将会迅速提升。每周的双休将会变为三休，甚至四休。当技术奇点出现时，人类就能实现一直以来的梦想——即使不工作也能丰衣足食。

只要让 AI 和机器人不停地工作，就可以满足人们的衣食住行、健康和娱乐的需求。

在不需要工作的时代，人们该如何生活呢？

以前，也出现过部分人不需要工作也能生存下去的社会。

在古罗马，那里的人们曾经使用被征服地区缴纳的税金来满足自己在衣食住行和娱乐方面的需求。

在意大利的佛罗伦萨，因贸易而繁荣的美第奇家族成为文艺复兴的投资人后，培养出了众多天才。

在帝国主义时代，英国占领了印度，将其作为殖民地巧取豪夺。

在江户时代的日本，武士的二儿子靠着农民上交的年贡生活（大儿子则在朝廷当官）。

通过让别人代替自己工作，这些人基本上实现了衣食无忧。因此，这些人就会去追求挑战、创造、探索、感动、成长，还有爱。

当第四次工业革命继续深入发展，人类的基本生活需求可以由 AI 和机器人来满足时，全人类将进入一个追求自我实现的社会。那时就会出现第二次文艺复兴。

超乎我们想象的全新艺术将会百花齐放，这些只有人类才能创造出来（AI 是做不到的）。人们或许会为了实现自我而成为禁欲主义者，不断地去培养爱，不断去提高自己的精神境界。

实际上，第二次文艺复兴已经开始了。

现在，全世界每天都有上亿人在博客上创作，在 Youtube 上发表自己的视频作品。他们在健身俱乐部健身，在三项全能运动中挑战纪录。为了寻找感动，他们周游世界，通过和当地人亲密接触，感受人与人之间的真情。其具体表现就是维基百科，还有 Linux 操作系统。

维基百科由 290 种语言写成，词条数量多达 3800 万以上，是世界上最大的百科全书。它是由无数志愿者无偿编写的，直到今天它的内容仍在不断扩充。Linux 操作系统是计算机领域的公共软件资源。为了改善全世界软件开发者的开发环境，无数程序员们至今仍在无偿地对该系统进行升级与改良。

上面已经说过，当衣食住行、健康和娱乐等基本需求得到满足时，人们就会为了实现自我去追求挑战、创造、探索、感动、成长，还有爱。

也许过了 100 年后再回头看时，就会发现我们现在正处于第二次文艺复兴（全人类追求自我实现的社会）到来的前夕。

不再有任何人会为了生存而工作，当这样的时代到来时，恐怕早已没有了"行业"这一概念，那时第五次工业革命就会到来。

人类的好奇心和探索欲是不可遏制的。人类的下一个命运转折点，或许就是宇宙和生命的奥秘被揭开的时候。

人类会不会实现长生不老，最终超越自我，成为超人呢？

这也许会成为第三次文艺复兴的序章。

后 记

AI、IoT、大数据、机器人、无人机、3D 打印机……不得不说，当今世界正处于剧烈的变化之中。

本书曾提到"英国牛津大学的一位博士发表论文称，在今后的 10~20 年内，全美国 47% 的工作岗位极有可能实现自动化"等内容，因此，说当今世界动荡不安也不为过。

最近，我在一个电视节目中看到，日本东京的上班族连"AI"和"IoT"怎么读都不知道。虽然可以认为他们象征着缺乏忧患意识的人群，但我还是有些羡慕他们的。在乡下过着远离网络的隐居生活是多么幸福啊！

明治维新前后，日本乡下的大部分农民都不知道世界上到底发生了什么。"据说今后藩就改称县了。""据说以后大人改叫市长先生了。""听说以后年贡改叫税金了。""哦，是这样啊！"

如果孤陋寡闻，危机感也就无从谈起。那些已经知道了真相的人和已经有所察觉的人只能为了保护自己的同伴挺身而出。

让我来告诉你在这个激变的时代里活得如鱼得水的诀窍，那就是加入变革者的阵营。人的一生必须不断适应社会的变革，不然你只会为了周围的环境变化而忧心忡忡，惶惶不可终日。

我之前从事过的注册会计师这一职业将会首先被 AI 取代。如果我现在仍在做着注册会计师，大概只会在周末时到附近的公园跑跑步，一边赞美着"日本真是和平啊"，一边对未来心怀莫名的恐惧，惴惴不安。

现在，我已经加入了变革者的阵营，每天都精神抖擞。我想，明治维新时期的高杉晋作和坂本龙马也一定是带着同样的心情度过每一天的。

世界上正在发生着什么？今后将发生什么？既然我们已经知道了答案，就只能决定是进还是退。

我想，能够拿起这本书并读到这里的各位都是与我志同道合的人。我期待着与你们一起站在这个变革时代的风口浪尖上，共同度过豪迈的一生。

Work Happiness 股份有限公司董事长兼首席执行官　吉村慎吾
于 2017 年 1 月 19 日

版权声明